保育者のための
テキスト
障害児保育

近藤直子　白石正久　中村尚子
編

全障研出版部

《はじめに》

子どもや保護者に対する共感的な視点をもち、保育者集団の集団的な取り組みを創造する

　あなたは、「障害児保育」というと何を思い浮かべますか？
　障害のある子どもが保育所や幼稚園で保育を受けていることを知っている人は増えてきています。あなたも子ども時代に、障害のある子どもと同じ園、同じクラスで生活したことがあるかもしれませんね。
　しかし、障害児が保育を受けている場は保育所・幼稚園だけではありません。障害があったり、障害になる可能性をもつ子どもを対象とした児童発達支援事業や児童発達支援センター、特別支援学校幼稚部などの存在はあまり知られていません。保育所・幼稚園に比べれば少なく、身近ではないからです。こうした場には、保育所・幼稚園での受け入れが困難な障害の重い子どもだけでなく、ゼロ歳児や1・2歳児のように保育所・幼稚園に入園する前の幼い子どもが通っています。障害の程度や年齢に関係なく、どの子どもにも楽しい乳幼児期を保障するために、さまざまな場で保育者が子どもたちと向き合っています。あなたの自治体には、どのような場があるでしょうか？

　わが国において「障害児保育」が全国的に広がりはじめたのは1970年代後半以降のことです。保育所での障害児の受け入れを国が正式に認めたのは1974年でした。この年は、私立幼稚園での障害児保育に対して助成金が交付されはじめた年でもあります。また、それまでは6歳以上の不就学児（当時は障害が重いと学校にも入れてもらえずに不就学になっ

ていた障害児が多数いました）を対象にしていた知的障害児通園施設に対して、6歳未満児の受け入れを国が認めたのも1974年です。ですから障害乳幼児関係者は1974年を「保育元年」と呼んでいます。

　その後、障害のある子どもが通える場は少しずつ広がっていきましたが、保育の場が急速に広がったのは1990年代に入ってからです。国の「障害者プラン」に障害乳幼児の保育・療育が位置づけられたからです。ですから、保育者養成課程において「障害児保育」を必修にすべきという声が、当時の厚生省からも上がったのですが結局見送られ、2002年度から必修の「演習」としてやっと位置づけられることになりました。

　だから長い間、みなさんの先輩保育者は養成課程で学ぶ機会もなく、障害のある子どもと向き合ってこられたのです。保育所や幼稚園では、入園する障害児は増えても担任する機会はそう多くはなく、また常に同じような障害児が入るわけでもなく、前の経験が生かせないということが多く見られます。また、児童発達支援事業や児童発達支援センターの職員も、最初から障害児のことを学んできたとは限らず、特に公立施設では保育所からの異動により障害児を担当することになったというケースもままあります。そのために現在も日々悩みながら保育に取り組んでいる保育者が多いのです。私は1978年から30年間、月1回、障害児を担当している保育者との学習会を開催していましたが、毎年、新たに障害児を担当し悩んでいる保育者が参加してきました。誠実な保育者ほど、子どもとの対応、クラスのあり方、保護者との連携のあり方に悩み苦しんでいます。

　全国障害者問題研究会が1986年に『テキスト障害児保育』を出版したのは、こうした保育者たちに少しでも手がかりを保障したいとの思いからでした。このテキストは好評を得て増刷を重ね、1996年に改訂版を出した後もたくさんの読者を得てきました。そして、全く装いも新たに

『新版・テキスト障害児保育』を2005年に出版することになったのは、障害児保育を巡って大幅な制度変更がなされたこと、必修となった「障害児保育演習」において活用しやすいテキストにすること、そして2004年に施行された「発達障害者支援法」に対応して知的障害のない発達障害と呼ばれる子どもたちへの取り組みを積極的に位置づけることの必要性からでした。その後も、障害のある子どもに関わる制度変更が行われ、2013年に大幅改訂を行いました。

　障害のある乳幼児の通える場のうち最も数が多いのは保育所です。しかし、障害児が入所しても特別な手だてが保障されるとは限りません。1974年から始まった障害児保育補助制度は、2003年度より地方交付税化され、加配職員の保障などは自治体の裁量に任されています。保育所や幼稚園の障害児保育をバックアップするために実施される「障害児等療育支援事業」にもとづく巡回指導も、2003年より地方交付税化され、都道府県の裁量に任されることになり、都道府県や自治体が障害児保育に熱意を有しているかどうかによって格差が生じています。
　2012年4月から、児童福祉法の改正により、保育所に入所する前の早期療育や障害の重い子どもたちの療育を担ってきた通園施設は「児童発達支援センター」に、人口規模の小さい自治体の療育を担ってきた児童デイサービス事業は「児童発達支援事業」に制度移行しました。これらは2006年より障害者自立支援法と同様の仕組みに基づいて運営されてきましたが、その根幹をなす「利用契約」「出来高払い」「応益負担」の考え方は、制度移行後も変更されませんでした。障害を受け止めることが課題となっている乳幼児期の父母にとって、わが子の障害を前提とした「利用契約制度」は、専門施設を利用する際のハードルとなっています。利用実績に基づいて施設への運営費が支給される「出来高払い」の制度

のために、新型インフルエンザの流行や東日本大震災によって、多くの療育施設が財政的危機にさらされました。家族が大変なときに機能してこその児童福祉事業のはずが、現行制度では不安定な運営を強いられているのです。「応益負担」の仕組みにおいては、職員配置基準を改善すれば、それは父母の経済的な負担として直接跳ね返ります。こうした療育制度の問題は、一般の保育制度にも持ち込まれようとしています。

　2015年度より幼稚園、保育所制度の見直しがなされて認定こども園に移行した園や、小規模保育事業も増えてきています。特に家庭的保育事業など、少人数の保育者で運営される事業では、研修なども受けにくいかと思われます。今回はそうした状況を踏まえてテキストを一部改訂しました。

　制度改定のたびに改訂を繰り返していますが、障害児と保護者が豊かな乳幼児期を過ごすために大切なことは、制度がどう変わろうと変わるわけではありません。何が最も大切なことなのか、このテキストを通して学び合い考え合ってください。そんな思いをこめて、日常的に障害児・保護者そして保育者たちと関わりながら発達相談に取り組んでいる者たちでこのテキストを執筆しました。

　障害児・保護者そして保育者たちの思いや悩みをくみ取りながら、明日への希望をもてるようにとねがって、日々保護者や保育者がぶつかる問題を中心に内容を構成しましたが、最も重視しているのは、子どもや保護者に対する共感的な視点と、保育者集団の集団的な取り組みの創造です。このテキストを素材にして障害児理解を深めてくださることを期待しています。

　　　　　　　　　　2016年8月　　　編者を代表して　　**近藤直子**

◎目次

はじめに　3
　　子どもや保護者に共感的な視点をもち、集団的な取り組みを
　　創造する

第1章　障害乳幼児の生活と発達 ―――――――11
　　障害児保育と発達保障の歴史／障害児保育の前提〜私たちに求めら
　　れること／障害児保育の内容と方法〜なかみをつくる／障害児保育
　　の目的〜人格として育てる／子どもの発達の道すじ〜見通しのある
　　保育のために

第2章　保育実践の展開 ―――――――――――31
　　障害乳幼児の保育・療育施設と保育所・幼稚園の違いは？／保育計
　　画を立てて見通しをもって実践を進めよう／あそびを軸に日々の
　　保育を築く／担任任せにしないで職員集団で実践を深めよう

第3章　障害の基礎知識と保育 ────49

Ⅰ　発達のおくれ　50
発達の道すじと障害／精神遅滞（知的障害）／発達年齢・精神年齢と発達検査／発達検査の結果をどのように読むのか／発達のおくれのある子どもの保育上の留意点

Ⅱ　LD、ADHD、高機能自閉症など　61
「発達障害」とはなにか／それぞれの障害の理解と対応／ライフサイクルを通じた発達保障のために

Ⅲ　自閉症　73
自閉症とはどういう障害か／子ども理解を深める視点／幼児期の特徴と療育・保育の視点／保育所での事例から

Ⅳ　視覚障害　86
視覚障害とは／教育相談と家族支援／保育所・幼稚園での支援

Ⅴ　聴覚障害　97
聴覚の発達／聴覚障害の状態を表すことば／難聴の発見／聴覚補償／難聴幼児の療育・保育

Ⅵ　運動障害　108
脳性マヒとは／療育・保育において配慮すること

Ⅶ　医療との連携が必要な子どもたち　121
合併症への取り組み／医療的ケアの必要な子どもたち／重症児の保育・療育の留意点

第4章　障害児保育の現状と課題 ───── 135

Ⅰ　保育・療育の場の全体像　136
児童福祉法改正と障害児支援／障害児通所支援としての乳幼児施策／改正児童福祉法の改善課題

Ⅱ　保育所における障害児保育　144
制度の現状と到達点／障害児の入所のしくみ／専門施設との連携／制度と実践の発展のために

Ⅲ　障害乳幼児のための保育・療育施設　160
子どもと保護者・家族がホッとできる場／親子教室／専門施設—児童発達支援センター・児童発達支援事業、特別支援学校幼稚部

第5章　家族への援助 ───── 177

Ⅰ　父母への援助・仲間づくり　178
保護者への援助・仲間づくり

Ⅱ　きょうだいへの援助　188
障害児と親、そしてきょうだい／保育所や幼稚園、学校できょうだいは…／きょうだいの悩み・母親の悩み／障害児通園施設・保育所におけるきょうだい支援／きょうだいが肩の荷をおろすとき

第6章　就学に向けて ───── 201
どの子にも心からの「入学おめでとう」を／障害のある子どもの学校教育をどう考えたらよいか／障害のある子どものための特別な学

校―特別支援学校／通常の小・中学校における障害児教育／「就学手続き」をめぐる現行制度と今後の動向

執筆者一覧　222

写真／東京都江東区・乳幼児親子教室　撮影／大橋　仁
カバーイラスト・デザイン／堀川　真

第1章

障害乳幼児の生活と発達

1．障害児保育と発達保障の歴史

　「はじめに」で述べられているように、日本の障害乳幼児が保育や療育を受ける条件がつくられるようになったのは、高度経済成長を経過した1970年代に入ってからでした。この時期までは、ほとんどの乳幼児期の障害児は、在宅生活を余儀なくされていたということです。また今日、障害乳幼児の療育において重要な役割を担っている児童発達支援センター等に制度的に包括されることになった知的障害児通園施設は、かつては学齢以上の子どもたちが通う施設でした。その背景には、戦後の日本において障害をもっている子どもたちは、憲法第26条で定められた教育を受ける権利さえ、限定的にしか保障されてこなかったという歴史があったのです。つまり、学校教育法で養護学校の設置が定められながら、その設置が都道府県に義務づけられたのは1979年からであり、障害の重い子どもたちは、保護者が子どもを学校へ通わせる義務を猶予または免除されるという「就学猶予・免除」が悪用・乱用されたために、学校に通うこともできない時代が長く続いたのです。かつての知的障害児通園施設は、そんな教育権を奪われた子どもたちの通う施設としての役割を長年担うことになったのでした。
　このような現実は、教育を受けることを障害児の当然の権利として実現していこうとする取り組みや運動を引き起こさずにはいませんでした。例えば敗戦の翌年である1946年に、糸賀一雄氏らによって滋賀県大津市につくられた近江学園は、戦争孤児と共に障害児を受け入れ、教育を受けることのできないすべての子どもたちに教育を保障することを目標としていた障害児の施設教育の草分け的存在です。近江学園の取り組みは1960年代になって、障害の重い子どもたちに、教育と医療を統一し

た「療育」を保障しようとする重症心身障害児施設・びわこ学園の開設へと発展します。それらの実践のなかから、どんなに障害が重くとも、すべての子どもたちは発達の可能性をもっており、その発達への権利を保障しようとする理念と運動が形成されていきました。

施設は終着駅であってはならず、地域を変えるための始発駅であらねばならないとする糸賀氏や、田中昌人氏（後に、京都大学教育学部教員、全国障害者問題研究会の初代全国委員長）らを中心とする近江学園研究部の取り組みの成果は行政を動かし、「障害乳幼児対策1974大津方式」という障害の早期発見から早期対応へ、そして保育所における障害児保育の実施へとつながるシステムがつくられていきました。この時期は、大津市にとどまらず、全国で障害児の教育権の保障を求める運動や障害乳幼児の保育や療育を権利として求める運動が、燎原の火のように広がっていったときでもありました。

その運動を励まし、実践の指針となったのは、すべての障害のある子どもたちに豊かな発達を権利として保障しようとする発達保障の理念でした。糸賀氏は、障害をもって生まれてきた子どもたちも「幸福に生きる権利がある」ことを折に触れて語っています。そしてその権利の重要な内実として発達保障を位置づけ、次のように言いました。「どんな子どもでも、その発達の段階が充実させられなければならないのである。一歳は一歳として、二歳は二歳として、その発達の段階はそれぞれの意味をもっているのであり、その時でなければ味わうことのできない独特の力がそのなかにこもっているのである。一歳は二歳でないからといって低い価値なのではない。それぞれの発達段階がもつ無限の可能性を信じ、それを豊かに充実させること以外に、およそ人間の生き方というものがあるべきだろうか」（『復刊 この子らを世の光に』NHK出版、2003）。

幸福に生きることの大切な内実のひとつは、たとえ障害があろうとも、与えられた発達の可能性を精一杯花開かせて生きることだということです。幸福に生きる権利つまり「幸福追求権」こそ、生命と自由を守られる権利と共に、人間が生まれながらにしてもっている基本的人権であり、日本国憲法でも第13条で、特別の位置が与えられています。「すべて国民は、個人として尊重される。生命、自由及び幸福追求に対する国民の権利については、公共の福祉に反しない限り、立法その他の国政の上で、最大限の尊重を必要とする」、その「幸福追求権」の具体的な内容として、現在では、より良い環境で暮らす権利、消費者保護を求める権利、平和に生きる権利、知る権利などが、新しい人権として自覚され、要求されるようになっていますが、「発達への権利」もその新しい人権を形成し、憲法第13条を豊かにする内実をもっているのです。

　1989年に国連で採択され、日本も批准している「子どもの権利条約」でも、23条で障害児の「特別なケアへの権利」を認めた上で、「可能な限り社会的統合と文化的および精神的発達を含む個人の発達を達成することに貢献する方法で」と規定して、障害児の発達保障を重要な目的概念として定義しました。

　本書でも、この発達への権利を保障することを目的として位置づけながら、障害をもっている子どもたちの理解や保育を進めるための方法を考えていくことにしましょう。

2．障害児保育の前提　〜私たちに求められること

　障害児の保育や療育は、はじめから制度として保障されていたわけではなく、それを権利として認識し要求する人びとの運動によって、一つひとつ積み上げられるように獲得されてきました。そして、その運動の

なかで発達保障のための視点や姿勢が、自覚されるようになりました。それは、子どもの発達、障害、生活をありのまま、かつ本質に分け入ってとらえようとする科学的な視点、障害児とその家族の幸福や権利を尊重するヒューマニズム、そして科学とヒューマニズムによって結ばれる人びとの集団の大切さでした。

(1) ありのままをとらえる

　科学的な視点とはどんなことでしょうか。発達遅滞のひとつであるダウン症の子どもたちのことを例に、考えてみましょう。

　同じ障害をもつといっても、一人ひとりはみな違いますが、平均的にとらえるなら、ダウン症児が歩けるようになるのは2歳台です。そして「マンマ」などの初めてのことばが生まれるのもこの頃でしょう。通常子どもが歩きはじめ、ことばを話すようになるのは1歳前半ですから、ダウン症という障害をもつということは、生活年齢からは推し量ることのできない発達段階にいるということにもなります。だからまず、その発達を理解して、生活やあそびの内容や指導方法を考えていくことが、一人ひとりの子どもにピントのあった保育をするために、大切です。

　しかし実は、発達のおくれがあるということは、そう単純ではない背景をもっているのです。たとえば歩行のおくれは、運動発達のおくれと同一とは言えず、ダウン症の場合には筋緊張が低いために、這ったり歩いたりする移動運動がおくれる傾向がみられます。また、近視や遠視などの視覚障害をもつこともあり、見えにくさを原因として、移動が不安定になり、前進を不安がる傾向もあります。さらに、ダウン症の子どもたちはにこやかな表情の反面、能動的に人と関わろうとする意欲が高まりにくいことも多く、人を目指して這い進んでいくような移動運動が乏しくなることもあります。

低緊張を顕著にもつ子どもならば、這うことや歩くことが、しっかりした筋力をつくることにつながるように、保育に工夫が求められます。しかもその移動が、大好きな人がいるからこそ這い進みたくなるような、人を求める情動の発達と結びつくようなはたらきかけが大切なのです。視覚障害に対しては、それを矯正するメガネの装着も考えないといけません。つまり、歩行のおくれを例にとっても、さまざまな要因が関わっていることが想定され、それらを視野に入れて、保育の内容や方法を考えることが、障害児保育には求められることになります。

　さらに、以上のような内的条件とともに、子どもの発達は外的条件も関わりながら、多様な特徴をもつことになります。たとえば子どもたちは日々の生活を暮らし、その積み重ねである生活の歴史をもっています。その歴史は、同時に父母やきょうだいなどの家族の歴史でもあります。

　朝の目覚めから登園まで、帰宅してから就寝までの生活は、どんなようすでしょうか。父母はどんな仕事につき、帰宅は何時頃でしょうか。現実的な問題として、家計の実態、住宅の条件などは、想像以上に大きく子どもの生活に影響するかもしれません。そして、その生活には、父母、きょうだいのどんな喜怒哀楽があるのでしょうか。わが子が障害をもっているという事実は、通常の家庭生活とは多少とも異なった生活実態や家族間の心理を引き起こさずにはおかないはずです。障害が告げられたときの心理を、家族や地域社会がどのように受けとめ、支えるかによって、障害を受容していく親の心理は、異なった変化の過程を歩むことになるでしょう。つまり、一人ひとりの子どもの発達は、生活の多様性という背景をもち、それに修飾されてさまざまな状況を呈するのです。子どもの発達や障害という内的条件、そして生活の過程などの外的条件などを、できるだけ「ありのまま」、そして相互の関連を検討しな

がら「まるごと」とらえようとすることが、科学的な視点の第一歩です。それは、ある部分だけを見て判断するような一面的な視点を克服していくことでもあります。

（2）家族の歴史への想像力を

　保育の現場からは、生活の実態も家族のありさまも、うかがい知ることはできません。園で子どもと生活を共にしながら、次第に子どものことが見えてくるように、家族の生活は、親と向き合い、そのことばに耳を傾け、家庭訪問のときのさまざまな気づきのなかから、少しずつ霧が晴れるように見えるようになるのです。若い保育者が、家庭訪問の折に、アルバムを開きながら語ってくれた母親のことばを聞き、わが子の障害を受けとめて生きていこうと決意しながら歩いてきた家族の歴史に触れて、自分もがんばって働いていこうと思いを新たにすることもあるでしょう。そんな機会が、大切な意味をもっているのではないでしょうか。見えない生活の実態が見えるようになってくるということは、保育者の想像力が豊かになるということでもあります。その想像力は、保育者自身が、自らの生活や仕事のなかで悩み苦しみながら、それを乗り越えていこうとしている生活の主体者として、親と同じ視線で、生活を捉えようとするときに、培われていくのではないでしょうか。そこには、互いを人生の主人公として尊重し、力を合わせることのできるヒューマニズムが生まれているのです。

（3）複数のまなざしで子どもをはぐくむ

　保育所に入所して間もない障害児は、多動であったり、視線が合いにくかったり、食事も排泄も自立していなかったりします。そんなとき、いったいどう関わったらよいのかわからず、自らの保育経験を生かせな

いことへのいらだちが、保育者には生まれることでしょう。まして、障害児のための加配としての役割をもっていると、自分一人の力で何とかしなければならないという焦りにも似た気持ちを抱きます。この「一人で何とかしなければ」という気持ちこそ、障害児との関係を、さらにギクシャクとしたものにしてしまう原因になることが多いものです。

　すでに述べたように、同じ障害をもっていても、一人ひとりの子どもたちの姿は多様です。独りよがりの視点や、学んだ理論に子どもを当てはめるだけで理解すると、その視点や理論ではとらえることのできない事実が、手ですくった水が指の間からこぼれるように流れ落ちてしまいます。実は、その流れ落ちる事実にこそ、子どもを理解する大切なヒントが隠されているものです。障害児保育は、一つひとつの子どもの事実を拾い集めるなかで、子どもの本当の姿に近づく仕事です。それは、一人ではなくみんなの力で子どものことを理解しようとする保育者集団だからこそ、できることです。そして、もっと深く子どもを理解するためには、子どものちょっとしたことばやしぐさの意味を見抜くセンスが大切だと思いますが、このようなセンスも、共に働く先輩や仲間の保育者から、知らず知らずに学んでいるのではないでしょうか。

　さらに、保育者も一人ひとり違います。意見が異なるときには、互いにつらい思いを抱くでしょうが、子どもや家族の幸せをねがう気持ちと、事実に忠実でありたいとねがう姿勢があれば、意見の「ずれ」こそが、胸襟を開いて語り合い、子どもを理解し保育の内容を高めていくための大切な原動力になるはずです。保育が楽しいと実感できるのは、集団のなかで、自分を変革しながら、仲間と力を合わせて一つひとつの困難を乗り越えていくときではないでしょうか。

3．障害児保育の内容と方法　～なかみをつくる

（1）発達の舞台としての生活

　生活は、生きるための基本的な条件である衣食住を満たす場です。安心して生活できる空間としての住居、からだを温め守ってくれる衣服や寝具の備えがあればこそ、日々の暮らしを送ることができます。しかし、もっとも生きるうえで大切なのは食べることであり、それゆえに排泄することでもあります。これらのすべてを子どもは自分の力で賄うことができません。大人に依存し、提供され、生きる術を教えられながら、なんとか生活することができるのです。

　その大人への依存関係のなかで、子どもは快、つまり心地よさを経験し、不快であることも経験しながら、快と不快という基本的な感情を形成していきます。やがて、子どもは大人ばかりではなく、きょうだいや友だちを知り、その人間関係のなかで、いっそう喜怒哀楽の感情を豊かにしていきます。

　こんな感情が形成されるからこそ、子どもは心地よいことや楽しいことを生活の目的として、時間や空間の見通しをもった生活を送る力を獲得していくことができるのです。そして、その力があるからこそ、自らの思いや要求を伝えながら人と共に生きるコミュニケーションの力を獲得していくこともできるようになります。やがて、いつまでも大人に依存することを好みとせず、自らのからだと手の巧緻性を高め、自らの要求によって道具を使うことを学びながら、生きるための力と技能を獲得していくのです。

　このようにして生活は、子どもが発達していくために必要にして十分な条件を提供してくれる「発達の舞台」といってもよい場になります。

障害をもっている子どもたちにとってもこの生活の意味は変わるものではありません。まして乳幼児期は、障害があろうとなかろうと生活やあそびや人間関係の心地よさを経験する無二のライフステージなのです。

しかし、障害をもっている子どもたちの場合、乳幼児期らしい生活を送ることに、いくつかの工夫が求められる現実があります。例えば、食べることにも味覚の偏りや未発達を背景にしたむずかしさがあり、偏食の極端に強い子どもがいるかもしれません。眠ることにも睡眠の導入や深い眠りを妨げるさまざまな障害があります。あそぶことにおいてさえ、見たこともない素材や集団への心理的抵抗が強いこともあります。

しかし、そのむずかしさへの対応に追われ、無理やり食べさせたり眠らせたり、逆に何もせずに見守り続けるだけでは、問題の解決になりません。なぜなら、子どもが自ら認識できる必然性のないところに、そして自ら抱く喜び、期待、要求のないところに、能動的な活動や主体的な能力の獲得はないからです。味覚の偏りはあっても、食べることへの基本的な欲求はもっていること。眠りにくさはあっても、疲労感をもち、休みたい欲求はもっていること。楽しそうな友だち集団のなかであそびたい欲求ももっていること。これらの普遍的な欲求をもっていることは、実践のなかで発見されてきた子どもの本当の姿であり、これからも一人ひとりの子どもに即して確かめられていくべき視点です。

（2）信頼感こそ心の支え

さて、この視点を前提にして、どんな指導を考えることができるでしょうか。

例えば、偏食指導はとても大切なことですが、「この一さじでもいいから食べてごらん」と子どもに挑むような熱心すぎる指導は、子どもから見たら、「先生に何かの下心があるのではないかしら」という不安感

を引き起こすかもしれません。そうなると、どんなにおいしそうに見えても、子どもは食事に手を出してはくれないでしょう。焦らずゆっくり手がかりを探すことが、結局問題解決への近道になるものです。保育者の気づいていない食べられる食材はないでしょうか。同じ食材でも味付けや温め方によっては、意外に喜んで食べてくれることもあります。それに、食べられないものは多くとも、現に食べられるものもあるのです。味覚の窓を探り当ててくれた、食べられたことを一緒に喜んでくれたという保育者への感情は、子どものなかに信頼感を醸成するきっかけになることでしょう。

　この例のように、うれしいこともつらいことも、わがことのように受けとめてくれる関係のなかで、子どもはその心をいっそう積極的に伝えようとするようになります。わかってもらえるという実感から、コミュニケーションも人間関係の形成も始まるといってよいでしょう。しかしそれは、子どもの心の窓が開くのを待つことではなく、子どもが食べてみたいあそんでみたいと思えるような食事やあそびを、試行錯誤しながら工夫してみるということです。

　そして、世界を広げ、新しい力を獲得していくときには、自らの世界から一歩踏み出す勇気が必要ですが、その勇気は、この人とならきっと大丈夫、この人の用意してくれるものはきっと素敵なはずだという信頼感に支えられて、大きくなるはずです。子どもがその気になるような心の高まりを導きつつ、一歩踏み出す勇気を支えるのは、大きな信頼感のある人間関係でしょう。

(3) 集団のなかで育つ

　子どもは、発達の早い段階から友だちの存在を発見しています。そして、大好きな大人と一緒にあそんでいる友だちを見つけて、そこへの参

加をねがうようになります。やがて、友だちのしているあそびや手に持っているおもちゃに憧れの感情を抱き、模倣したり奪い取ったりするようになります。この憧れの感情によって、子どもはたくさんのことを自らの世界に取り入れることができます。さらに子どもは、憧れの感情によって自らの要求を育て、友だちの要求とも衝突するようになります。そのぶつかり合いのなかでいっそう自分の要求を認識し、友だちにも要求があることを発見することでしょう。この必然的なぶつかり合いこそ、意識のなかで混沌としていた自分と他者の世界を分化させ、自分を調整する自我の発達に貢献するのです。

　障害をもっている子どもたちの場合、友だちへの憧れの心が見えにくく、友だちを拒否しているように見えることもあります。しかし、そんな子どもたちも、楽しそうなあそびのようすにチラッと視線を向け、そっと集団に近づいてくるようなことはないでしょうか。心の窓から、仲間の楽しそうな姿を見つめているのではありませんか。「自分もしてみたい、でも不安」「仲間のなかに入りたい、でも不安」というような揺れる心がまなざしやしぐさに見えたなら、一歩前に踏み出すための導きを積極的に入れてみましょう。

　さらに、友だちは憧れの対象だけではありません。保育者の仕事をまねるように、自分よりも小さい友だちの着替えを手伝おうとするかもしれません。おもちゃをさしだし、手をつないであげるような姿もあるでしょう。「大きい―小さい」などの対比的認識を獲得していく3歳頃の発達段階から、まるでお兄ちゃんやお姉ちゃんになりたいとでもいうように、小さい仲間に手をさしのべるようになるのです。そうすることによって、大きくなった自分を確かめ、もっと大きくなりたいとねがうようになるのでしょう。障害をもっていても、この「大きい自分になりたい」ねがいは、発達とともに育ってきます。したがって、そのねがいに

ふさわしい集団をつくることが、保育の課題になります。
　障害児保育は、一人ひとりの障害児の発達課題や障害へのきめ細かい配慮を必要としますが、同時にその指導は、集団のなかでこそ花開く発達の力があることを認識して、生活と集団を発達につないでいくダイナミックな活動といってよいでしょう。

4．障害児保育の目的　〜人格として育てる

　障害児保育は、障害児の発達への権利を保障する実践です。しかし、目に見える発達の改善や障害の軽減が、障害児保育の終局的な目的ではありません。子どもの人格そのものの豊かな育ちを支え導くのが、障害児保育における指導なのです。
　人格そのものが発達するとは、どういう意味でしょうか。

（1）まるごとの人格として

　第一に、人間の発達は、いろいろな力がつながりながら成り立っている過程であり、その総体によって、その人のその人らしい人格は特徴づけられていきます。だから、ある部分だけを取り出してはたらきかけるような一面的な指導に、人間の発達はなじみません。障害をもっている子どもたちは、その障害ゆえに特定の力の弱さが際立って見えるかもしれません。たとえば、ことばの獲得が弱いと見られると、「〇〇はどれ？」と問いかけて理解語を増やすような指導が、往々にして行われやすいものです。しかし、その指導によって、ことばは本当に広がるでしょうか。ことばは、発声するための口腔機能やそれを支える身体機能の発達は言うに及ばず、ことばを必要とする人間関係や、ことばにして伝えたくなるような感情、要求、イメージなどの内的世界の発達なくし

て、生まれ出ることはありません。

　人間を構成するさまざまな力は、互いに関連し合いながら発達していくのであり、そのつながりをまるごと育てていくような視点が求められます。

（2）発達の主人公として

　第二に、発達の主人公は子どもであり、子ども自身が「わかるようになりたい」「できるようになりたい」とねがうことによってこそ、発達は現実のものになるのです。このねがいは、発達のさまざまな力のなかでも、その中心にすわる心のはたらきではないでしょうか。発達へのねがいをはぐくむためには、子どもが自らの要求によって生活を営むようになることが大切であり、要求が育つ舞台としての心地よく楽しい生活や活動、その人と一緒だからやってみたいと思えるような人間関係や集団が必要になります。

　そして、発達へのねがいのあるところには、ねがい通りではない今の自分や現実があります。ねがいと現実の「ずれ」、つまり子どものなかに生じた矛盾を乗り越えていかなければ、発達は実現しません。この発達へのねがいを子どものなかに育て、矛盾とともに生まれた悩み、葛藤を支えながら、それを乗り越えさせていくことが、指導の役割でしょう。

　矛盾を乗り越えることによって、子どもは自らへの手ごたえを感じて、「もっとわかるようになりたい」「もっとできるようになりたい」と、いっそう発達をねがうようになります。「心のバネ」と称すべき力が、子どもの人格のなかに備わりつつあるのです。このバネがつくられることによって、子どもは失敗し、人とぶつかり合うことがあっても、しなやかに自らを立ち直らせ、自らを調整できるようになるのです。

そうやって矛盾を乗り越えた事実は、子どものなかに達成感として蓄積され、可能性をたくさんもった存在として自分をイメージできるような、自己像の形成に貢献することになります。

（3）世界にひとつだけの人格として

　第三に、確かな発達は、それを土台として花開く一人ひとりの子どもたちの個性を人格に刻印する力になります。その子らしい個性こそ、「世界にひとつだけの花」として花開いていくための人格の彩りです。

　障害児のあそびは、そのことばかりに固執する「こだわり」とみられがちですが、興味をもてるものが少ない子どもたちにとって、世界を広げていく導入路になることもあります。一緒に楽しもうとする保育者の気持ちが、「こだわり」に終わらせず、大人と共に興味の世界を広げていこうとする子どものねがいを形成することにつながることでしょう。そして、子どもの心をひきつけるさまざまな活動を、創意工夫してみましょう。クッキングを好きになった子どもが、長じて、おいしいクッキーやパンを焼きながら、仲間と共に地域で暮らす労働の場を得るかもしれないし、歌が大好きになった子どもが、やがて合唱団に入って、練習や発表会を何よりの楽しみにしながら、日々の生活を送るようになるかもしれません。絵を描くことの喜びをおぼえた子どもが、その子らしいイメージの世界を表現する芸術家になるかもしれません。

　そんな夢を抱きながら保育を進めるためには、保育者が「文化の引き出し」と言ってもよい教材づくりの手がかりをたくさんもっていることが大切です。保育者自らが楽しめる活動が、子どもの個性と出会う手がかりを与えてくれることでしょう。

5．子どもの発達の道すじ　〜見通しある保育のために

　発達は、緩やかに坂を上っていくのではなく、あるとき急に子どもの育ちを感じる、大きな変化を内にもった過程です。その変化のときを、発達の質的転換期と言います。生後、6、7ヵ月頃、1歳半頃などは、その典型的な発達の質的転換期です。かつては、「かべ」などとも言って、障害をもっている子どもたちにとって、それを乗り越えることのむずかしさが象徴されていた時期でした。しかし、保育や療育の条件が次第に整い、指導の方法も検討されてくるなかで、「かべ」と言うことばも、あまり使われなくなりました。また、発達の質的転換を達成する力が、前の発達段階から芽生えることなども解明されつつあり、指導と発達の科学が、うまくつながりはじめています。保育のなかでいっけん否定的に見える子どもの行動にも、次の発達段階を準備する大切な発達の芽が隠されていることが多いものです。それを見出すことができるなら、目に見える姿に一喜一憂することなく、これからのために今何を育てるべきかを考えながら、見通しある保育を行うことができるのではないでしょうか。発達の道すじを学ぶことは、そんな手がかりを与えてくれます。

(1) 発達の質的転換期のダイナミックス

　1歳半頃の発達の質的転換期を中心として、人間発達のダイナミックな過程をとらえてみましょう。
　人見知りが強くなる乳児期の後半の発達段階は、得体の知れない存在への不安を強めるときです。人見知りに現れる人への不安ばかりではなく、物、空間、食べ物などにも、初めて出会ったゆえの不安をもつこと

でしょう。この不安があるから、心の支えとしての信頼できる人間関係を切実に求めるのです。したがって、強い分離不安をともなうことが多いでしょうが、その人に支えられ、この不安を乗り越えていくことによって、子どもは自ら人間関係や空間を広げ、自らの意図で生活する存在に発達していくことができるのです。

　1歳の前半になると、まさに生活の主人公として、自分の手で食べようとするような要求を強くもつようになります。友だちへの憧れの心にも導かれて、食べ物を口に入れるばかりではなく、おもちゃをかごにかたづけ、運んでいって大人に渡すことにも挑戦するでしょう。そして、足を靴やパンツに入れることにも挑戦するのです。「入れる、渡す、運ぶ」ことなどが子どもの活動を特徴づける時期であり、その活動が発達を前に導いていくような主導的なエネルギーをもっています。子どもは、その一つひとつに気持ちを込めて、共に喜んでくれる大人と共感しながら、達成感を積み重ねていくのです。その達成感の蓄積こそが、1歳半の発達の質的転換を準備する大切な助走路なのです。

　たとえば1歳6ヵ月の乳幼児健診の場で、積木を積んでいるときの姿を想像してみましょう。失敗して積木が崩れてしまうと、この時期の子どもたちは悔しくてイライラするものです。しかし、その気持ちに負けないで、もう一度積み直そうとするような感情の立ち直りや自己調整も見られるようになっています。「もっと、もっと」と自分を励ましているようです。この力は、自らの「つもり」＝目的をもって生活する力でもあり、それゆえに大人や友だちという他者の「つもり」と必然的なぶつかり合いを招くことになりますが、その自他のぶつかり合いを自ら調整しようとするようなしなやかさも芽生えはじめてきます。このような立ち直りや自己調整の力こそ、大人と共感しながら蓄積してきた達成感のなかから、生まれ出るのです。つまり、子どもの主導する活動の量的

な蓄積のなかから、発達は質的に変化するというメカニズムがみられます。

このような人格の発達的変化が見られるからこそ、1歳半の発達の質的転換を特徴づける話しことばや道具の使用が、飛躍的に拡大していくのです。

（2）葛藤を乗り越えて、光り輝く発達の主人公に

1歳半の発達の質的転換を達成すると、2歳から3歳にかけて、二つの関係を「対」として捉える認識が獲得されはじめます。砂や粘土などの素材に道具ではたらきかけることや、おもちゃを並べてあそぶことが好きになり、見立てたり、そのつもりになったりする活動によって、子どものイメージが拡大をはじめます。そして、「○○してから○○する」というような、二つの単位をつなげた時間の見通しをもてるようになります。それゆえに、自分で何でも挑戦したがるような自我の強まりを見せ、大人から指図されることを嫌う反抗に似た姿を呈する時期でしょう。その一方で、「大きい自分になりたい」自我に導かれるように、「大きい―小さい」の比較がわかり、「一つ―二つ」が区別できる対比的認識を獲得していきます。

この認識は、子どもが自分と集団を対比的に捉えたり、用意されたあそびを「できるかな、できないかな」とあらかじめ考えたり、大人の評価のまなざしに敏感になったりして、集団活動や自分自身への不安を抱くことにつながります。この不安感情が、いつも同じおもちゃやタオルを手にして、集団に参加できるきっかけを探している一人あそびの姿となって現れます。それをともすると「こだわり」「引っ込み思案」の一言で見てしまいがちですが、子どもはそうすることによって、「大きい自分になりたいけれどなれない」「みんなのなかに入りたいけれど入れ

ない」という矛盾、葛藤を自分で支えているのです。いわば「心の杖」を必要とし、「回り道からの挑戦」を試みようとしているのでしょう。「問題行動」と見られかねない姿にも、揺れる心で前向きに葛藤している子どもの内面が隠れているのです。

　むしろ、悩みながら苦しみながら力強く葛藤を乗り越えていくことが、真に「大きな自分」を認識するために必要なのです。そんな時期だからこそ、「苦手なこともあるけれど、得意なこともある」「さすが、大きいお兄ちゃんだね」「○○ちゃんがいるから、みんなが助かる」というような自らの存在を価値あるものとして印象づけてくれる支えを、子どもは要求しているのです。

　障害をもっている子どもたちには、この不安感情や矛盾、葛藤を乗り越えていくエネルギーが高まりにくく、「引っ込み思案」な姿が長く続くことがあります。そのとき多くの場合には、子どもは集団のなかで「大きい自分になれない小さい自分」を感じ、苦しんでいるのです。そんな子どもの姿が問いかけてくるのは、障害をもっているからといってもできないことばかりではない、精一杯発達しようとしている発達の主人公としての子どもたちと向かい合おうとしているかという、私たちのまなざしの如何です。

　3歳における葛藤を、「苦手なことはあるけれど、得意なこともたくさんある。苦手なことにも、すばらしい力が隠されている」という大人のまなざしに支えられて乗り越えた子どもたちは、「えーとね、えーとね」などとことばをさがしながら、うれしかったことや楽しかったことを、一生懸命伝えてくれるようになります。上手にできるようになった鉄棒やハサミの連続切りを、「見て、見て」と言いながら披露してくれることでしょう。矛盾多き葛藤の時期を乗り越えたことによって、光り輝く自信を手にしているのです。だから、「光り輝く4歳児」と呼ばれ

るのでしょう。片足を上げながら前進するケンケンもできるし、左右の手が別々の役割を持ちながら、一つの目的にために協調して活動することもできるのです。からだや手がしなやかに、自由に、4歳児の自信を表現しています。そこには、「○○しながら○○する」という力が育っているのです。友だちとのぶつかり合いも後を絶ちませんが、「だって、だって」と言いながら、悔しい思いを堪えようとする姿が、自制心の芽生えを印象づけてくれるのです。

　障害をもっている子どもたちこそ、この葛藤を乗り越えた発達の主人公としての輝きをてにしてほしいし、自らの価値を認識した自尊心を抱いて、学齢期への階段を上ってもらいたいものです。　　　　（白石正久）

参考文献

白石正久著『発達の扉（上・下）』かもがわ出版、1994、1996

白石正久著『発達とは矛盾をのりこえること』全障研出版部、1999

白石正久著『やわらかい自我のつぼみ―3歳になるまでの発達と「1歳半の節」』全障研出版部、2011

【学習課題】

1．子どもを理解するとは、どういうことでしょうか。そのために必要な基本的な視点を出し合ってみよう。
2．生活や集団が発達の条件であり、基盤であるとはどういうことでしょうか。子どもの具体的な事例で考えてみよう。

第2章

保育実践の展開

はじめに

　障害のある就学前の子どもたちが通う場は、児童発達支援事業、児童発達支援センターなどの専門施設と、保育所・幼稚園とに大きく分けられます（第4章参照）。児童発達支援事業や児童発達支援センターには、早い場合はゼロ歳から通う子どももいます。こうした専門施設は、地域によって性格が異なり、職員は保育士だけという施設もあれば、医師、理学療法士、作業療法士、言語聴覚士などの専門職と保育士・指導員が連携して療育を進めている施設もあります。後者のような施設は、センター内の保育はもとより、地域の保育所・幼稚園へのバックアップに取り組んでいます。

　一方、保育所や幼稚園の障害児保育は、自治体や園によって実践の蓄積の度合いは違っていますが、えてして専門施設の保育よりは困難が大きいものです。保育所・幼稚園の場合、もともと障害児の占めている割合が低く実践の蓄積が乏しい上に、毎年入園してくる子どもの障害が異なることが多く、経験が生かしにくいからです。また、障害児に加配保育士がついていても、多くの自治体では非常勤のパート職員であり、クラスや園内での実践検討にも困難が伴いがちです。

　この章では、障害児のための専門施設の特徴も踏まえながら、保育所・幼稚園において楽しく見通しをもって障害児保育を展開するためにどうしたらよいかを考えてみましょう。

1. 障害乳幼児の保育・療育施設と保育所・幼稚園の違いは？

　現在多くの障害児は、保育所・幼稚園に入所する前に、障害乳幼児の

ための「児童発達支援事業」や「児童発達支援センター」のような専門施設に通っています。

　障害児のための専門施設と保育所・幼稚園は何が違うのでしょうか？おおまかには次の4点の特徴をあげることができます。

（1）専門施設では生活の流れがゆっくりしている

〔ある児童発達支援事業の日課〕

9時半　　登園　自由遊び
10時半　　設定保育　朝のあつまり
11時半　　トイレタイム
11時50分　昼食
12時半　　自由あそび
1時　　　帰りのあつまり

〔ある児童発達支援センターの日課〕

10時　　　登園、トイレ、水分補給
10時半　　リズム
10時45分　おはようの集い、取り組み
11時半　　トイレタイム
11時50分　給食
12時半　　自由あそび
1時　　　午睡
2時半　　トイレタイム、着替え
2時45分　さよならの集い、降園

　専門施設は障害児だけの集団なので生活の切りかえが少なく、トイレ、着替え、食事などにたっぷりと時間をかけ、ゆったりとした日課で生活が流れています。保育所・幼稚園の3歳以上児のクラスでは、トイレや食事、かたづけなどが自分でできることを前提に運営されるため、切りかえに時間のかかる障害児にとってはあわただしく感じられるかもしれません。日課の区切りで「問題」を起こしやすくなるため、保育上の工夫が必要になります。

（2）専門施設では障害児の発達に合わせた活動を組んでいる

　障害児だけの集団なので、室内ではポットン落としやママゴトのようなオモチャを使ったあそび、リズムや紙吹雪・布バルーン・段ボールなどの教材を用いた集団あそび、室外では散歩、水あそびなど子どもの発達に合わせた活動を楽しみます。保育所・幼稚園の場合、障害のない子どもたちの発達に合わせた活動が多くなるため、言語理解や運動能力に弱さをもつ障害児の場合、クラスの活動に参加しにくい場合もあり、活動の組み立てに工夫が必要になります。

（3）専門施設に比して保育所・幼稚園は集団の規模が大きい

　専門施設はおおむね30名から40名の定員の施設が多く、1クラスの人数は8名から10名規模ということになります。それに比して、通常100名を超え、なかには200名から300名という定員を有する保育所・幼稚園は、施設も広くクラスの人数も20名から35名と多くなるため、障害のある子どもにとっては「心の居場所」を見つけるのに時間がかかるということになります。障害のない子どもたちは一般に活気にあふれ、声も大きくやかましいものです。聴覚過敏のある自閉症スペクトラム児にとっては、鼓膜が破れそうに感じるほど騒がしい集団と感じられるのではないでしょうか。そのため専門施設では落ち着いていすに座り、給食やトイレもスムーズに行えた子どもが、保育所・幼稚園に入園したら、クラスに入らず泣きわめいたりテラスで寝ころんだり、職員室に入り浸りになったりといった姿が出てきて、担任や加配の保育士も保護者も不安になるといった状況が出てきてしまうのです。

（4）障害のある子どもばかりの集団から保育所・幼稚園では圧倒的な少数になる

　保育所・幼稚園では日課も活動も集団の運営も、多数者である障害のない子どもが中心になりますし、保護者の活動も障害のない子どもたちの保護者に焦点を定めた取り組みになります。そのため保護者は、障害のない子どもとの関わりに期待しつつも、一方では我が子がいじめられないか、仲間はずれにされないかと心配しています。保護者への援助を独自に進めるとともに、障害のある子どもが少数者であっても自己を肯定しながら生活しうるような実践を築くことが求められます。

2．保育計画を立てて見通しをもって実践を進めよう

　家庭では比較的落ち着いているように思っていたのに、幼稚園に入ったら保育室に入らず近づいてくる子どもを突き飛ばしてしまう、専門施設ではいすに座って活動に参加していたのに、保育所では保育室に入らず園庭の隅で砂を食べているといった姿は、保護者にとっても担任保育士や加配保育士にとっても、つらくまた見通しのもちにくいものです。

　それなのに年度初めには年間保育計画を立てなくてはなりません。クラス全体の保育計画は、従来の蓄積をもとに作成できますが、障害児を含めた計画については、子どもの課題も実情も見えないところでは立てるのは至難の業です。そこで、次のようなことをしてみましょう。

（1）保育計画を立てる前に職員間で協力体制を

　保育計画を立てる目的は、年間の見通しをもって保育を築いていくことにあります。保育室に入らないといった障害児の姿を踏まえれば、4

月に計画を立てることが困難なことははっきりしています。何よりも、クラス担任や加配保育士を園全体で支えていく体制をつくることが急務です。

(2) 子どもの今までの成長過程に学ぶ

　専門施設などを経過してきた子どもについては、保護者に了解を得て、保健師や専門施設の職員から現在までの子どもの成長の経過やどんな取り組みをしてきたのかをあらかじめ教えてもらいましょう。自閉症スペクトラムの子どもや注意欠陥多動性障害の子どもは、大きな集団に入ると問題を出しやすいのですが、それまでの場での取り組みが手がかりとなって見通しがもてることもあります。アフターケアのかたちで保育所などを訪問する保健師や専門施設が増えています。そうした機会も活用しましょう。

(3) 障害児保育実践の成果に学ぶ

　障害児保育実践の積み上げのなかで、子どもが大きな集団になじんでいく過程もある程度明らかになってきていますので、大まかな見通しをもって保育を組み立てていきましょう。
　4～6月期は、子どもが園に慣れるための「お試し期間」と位置づけられます。
　7～9月期は、子どもがクラス集団に入る機会が増える時期です。
　10～12月期は、クラスの仲間に目を向けることで新しいことに挑戦しはじめ、保育が楽しくなりはじめる時期です。
　1～3月期は、仲間のなかで、できることを確実にする時期です。
　ですから、大変なのは4月から6月までの3ヵ月間なのです。保育者にとって、この期間を子どもに振り回されずにクリアしていくことが、

障害児保育を楽しめるかどうかの分かれ目にもなってきます。各期ごとの障害児と集団の関係を踏まえて、障害児がクラスになじみやすい活動や、仲間と共に取り組みやすい活動を年間保育計画の中に位置づけておきましょう。

3．あそびを軸に日々の保育を築く

（1）子どもとの信頼関係を築く

　4月から6月の間は子どもが園に慣れることが何より重要ですが、園に慣れるためには園内に居場所が必要となります。障害児は、子どもの声や姿が届きにくい職員室、廊下や園庭の隅、トイレなどを居場所に選ぶことがわりあい多いのですが、大人の目が行き届くという点では職員室が最も安全です。園長や主任と話し合って、朝夕のあわただしい時間帯には職員室でも子どもが安心して過ごせるようにします。子どもはいずれ保育士との間に信頼関係ができれば、保育士を心の拠り所として保育室に入るようになります。どうすれば信頼関係が築けるのでしょうか？

①朝の自由あそびの時間帯を大切にする

　朝登園したときが、子どもにとっては最も不安です。保護者と別れること、園内が騒がしいこと、いろいろな子どもがいろいろなことをしているため何をしたらよいのか判断しにくいことなどが不安を拡大するからです。なるべく子どもが安定しやすい場所で受け止めましょう。クラスに限る必要はありません。静かで子どもたちがいない遊戯室や、障害児の好きな絵本のある絵本コーナーでもよいのです。自分の好きなことにじっくりと取り組めると、心が安定し、クラスに入ると共に生活のことにも自分で取り組めるようになります。

②子どもの好きなあそびを共に楽しみ広げる

　子どもは自分の好きなことを大切にしてくれる人を好きになります。まずは子どもがしているようにしてみましょう。走るのが好きであれば「マテマテー」と追いかけっこを楽しんだり、ブロックの組み立てが好きであればじっくりと一緒に組み立てましょう。「○○しようね」ではなく、隣で一緒に楽しむことが大切です。一緒にいても逃げなくなったら、少しあそびを広げていきます。砂と水であそんでいたらバケツやホースを持ち込んだり、追いかけっこやママゴトに他の子も誘ったりして、あそびが発展するようにします。子どもは成長期にあり、世界を広げたがっています。保育士と共にいることで世界を広げ楽しさを広げうるのだという実感を通して、信頼関係が成立していくのです。

③子どもの好きな活動をクラスの子どもと楽しむ

　保育士との信頼関係ができ、まわりに目を向けうるようになると、仲間にも目が向きはじめます。障害児の好きな活動にクラスの仲間を誘ってみましょう。追いかけっこや虫取りのような活動は誘いやすいのですが、ヒモ振りのような単調な活動だと仲間が乗ってきてくれません。「ヒモ振り」という呼び方ではなく、「新体操ゴッコ」のような魅力的な名前をつけると仲間たちも参加したくなります。

④クラスに居場所をつくる

　保育士や仲間に目が向きはじめるとクラスに入ってくるようになりますが、その際に障害児にとっての「居場所」がないと、また外に出て行ったり他児とトラブルを起こしたりします。障害児のいすや机には本人の好きなマークを貼りどこに座るべきかをわかりやすくします。ロッカーやくつ箱は、位置のわかりやすいすみっこにしてマークを貼り、生活に関わることで混乱しないようにします。障害児の好きなオモチャや絵本のコーナーを設けて、クラスの活動に参加しにくくなっても、クラス

で過ごせるような条件をつくっておきましょう。

（2）子どもらしい生活を築く

　障害があると、偏食があったり、排泄のトラブルや午睡ができないといった問題に遭遇することになります。学校に入る前には問題をクリアさせなくてはと、ついつい力が入りがちになります。しかし、障害があっても子どもは子ども。障害があるから特別な取り組みをという前に、子どもらしい生活を築くことを大切にしましょう。

①**食事の問題に取り組む**

　食事の問題に取り組む上での基本は、食欲の出る生活づくりと仲間との楽しい食事です。午前中の活動でおなかが空いていることや、栽培やクッキングや当番など能動的に食事に参加する機会をつくることが大切です。仲間と食べさせ合ったり一緒に当番に取り組んだりと対等な関係がもてることが大切です。

　その上で、ひどい偏食がある場合は、食べるための口腔機能に弱さがあったり、嗅覚や味覚、触覚に過敏さがあるなど、障害からくる困難さが背景にあることも考えられるため、専門機関で口腔訓練や感覚統合訓練を受けることについて相談してみましょう。

②**排泄の問題に取り組む**

　トイレでの排泄は、仲間に目が向くようになれば、時間はかかっても仲間と共に取り組むことができてきます。ズボンやパンツの脱ぎはきがうまくいかない、便器の使い方がわからないなどの場合は、あそびのなかで指先の働きを高めたり立ち姿勢や中腰姿勢をしっかりとれるようにしたりしながら、そのつど個別に援助していきます。

③**睡眠の問題に取り組む**

　午睡がなかなかできない場合、午前中の活動で自分の好きなことがし

っかりと楽しめたかを見直しましょう。心が満足していないと熟睡はしにくいものです。寝つかない場合も、体は疲れていることが多いので、騒がないで静かに過ごすことを基本に据えましょう。

（3）仲間と共に育つ

　仲間に関心がないように見えても、園生活になじんでくると、仲間の活動を遠くからチラチラと見たりしはじめます。仲間と共に力をつけたいという障害児のねがいにていねいに応えていくために、次の5点を大切にして実践を組み立てていきましょう。

①クラスのまとまりを育てる

　4～6月期に保育士との信頼関係を築くと、障害児は保育士と共にクラスに入ろうとしはじめます。そのときにクラスがあまりにざわざわしていたり、トラブルが多いと、過敏なところのある子どもは入り込めなくなります。楽しそうなクラスだと、障害児も少々のことは乗り越えてクラスに参加するようになります。楽しいクラスを築くには、仲間といることが楽しいと実感できるような活動を重視することが大切です。1年下のクラスの子どもが楽しむ活動や、誰もが好きな散歩や水あそびなどを積極的に位置づけましょう。

②体験や活動を共有して

　仲間意識が育つためには、楽しい体験や楽しい活動を共感し合うことが必要とされます。一緒にいて楽しいから仲間だと感じるのです。

　障害の有無を越えて共に楽しめる活動を、1日のうち1回は取り入れたいものです。散歩、水あそび、追いかけっこ、リズム、お絵描き、ママゴトなどは1歳児クラスでも5歳児クラスでも取り組める活動です。発達的な力量に違いがあっても、それぞれの参加の仕方で楽しめる活動を、そのクラスなりの取り組み方で位置づけてみましょう。部分的な参

加であっても障害児が参加すると、「きょうは〇〇ちゃんもいっしょだったねぇ」という声が、障害のない子どもたちから上がるようになります。

　障害児のあそびに障害のない子どもが参加して楽しむことも大切です。障害児が主人公になれ、自己を肯定的に見ることができるからです。障害児が好きなあそびをじっくりと楽しめるコーナーをつくり、そこに同じような趣味の子どもを誘い込んでも楽しくあそべるでしょう。障害児のあそびに「新体操ゴッコ」（リボンを振るあそび）、「ぬり壁たおし」（倒れてくるマットから子どもが逃げるあそび）といった楽しい名前をつけると、「新体操ゴッコしようよ」と障害のない子どもが誘うようにもなってきます。自閉症スペクトラムの子どもの場合、こだわりともいえるような得意な領域をもっていますが、「虫取り名人」「地図名人」「マークの鉄人」たちが活躍できる場をつくることも大切です。「地図博士」に地図をつくってもらって初めてのコースに探検に行ったり、マークを使ってカルタをつくってあそんだりすることによって、こだわりも仲間のなかで輝く「開かれた個性」として発展していきます。障害児のしていることをあそびとして発展させる保育者の「あそび心」が試されているのです。

③一人ひとりの良さを位置づけて

　障害児が安心して生活できるクラスは、まとまりのある落ち着いたクラスです。クラスの落ち着きは、一人ひとりの子どもが安心して暮らせる生活のなかで培われていきます。一人ひとりが安心できるということは、一人ひとりの持ち味が大切にされるということです。障害のある子どもはもとより、特に月齢の低い2月、3月生まれの子どもをクラスにしっかりと位置づけることが必要です。月齢の低い子どもは生活のスピードも遅く、クラスの設定保育において背伸びさせられることが多く、

無理をしたり、さまざまな場面で叱られたりして心が落ち着かなくなりがちです。そのためクラスの雰囲気をこわすような行動をしがちになります。月齢の低い子どもたちの活動要求を大切にしつつ、障害児の良き友であることをフィードバックして自信をつけてあげましょう。

　障害児は仲間に助けられる場面が多くなりがちですが、あそびで主人公になるだけでなく、自分の力をみんなのために発揮して認められる体験も必要です。給食でお茶を配る、連絡帳を配るなどの当番活動は、仲間を意識する上でも意味のある活動です。特に5歳児クラスでは、まわりの子どもとの発達差が開くこともあり自信を喪失する障害児も出てきます。そうした場合は、年齢の下のクラスに手伝いに行く、年齢の小さい障害児のお世話をするといった活動を通して、役立つ自分を実感してもらうことも必要でしょう。

④トラブルを仲間のなかで解決する

　障害のある子どもがいると、まわりの子どもたちからいろいろな声が出されてきます。

　3歳児は「○○ちゃんだけ園長先生とあそんでいいなぁ」などと焼きもちを焼くようなことを言いますが、これは「自分がスターでありたい」という3歳児らしい心の表れです。少し手をかけてあげるだけで声は消えていきます。

　まわりの子どものすることをよく見るようになる4歳児では「どうして○○ちゃんはしゃべらないの？」「どうして○○ちゃんはすぐにたたくの？」と障害児の能力や行動について疑問を呈してきます。この場合、障害児の行動に関心をもっているということを大切にしたいものです。「どうしてかなぁ？」「しゃべらないけど、でも思ってることがわかるときもあるよね」「どんなときにたたくのかなぁ」「たたいたときはどうしたらイヤだってわかるのかなぁ」と、子どもたちと共に考えていく

ことが大切です。相手の思いを理解することや、仲間のなかのトラブルをみんなで解決していくことがこれからの集団生活において最も大切だからです。子どもの問いを発し返すためには、保育者が、障害児の思いや「問題」となる行動の原因をある程度把握していることが求められます。4歳児ではまだ自分たちだけでは答えを出せないからです。

　5歳児は、障害児とのつきあい方が上手になっていますが、一方でシビアなところも出てきます。最年長としての誇りがあるため、「○○ちゃんがいると運動会で勝てない」といった発言も出てきます。大人の思いで「そんなことを言ってはダメ」と押さえつけず、○○ちゃんがいても勝てる方法を検討するなど、仲間の力で問題解決に挑戦することを支えていきます。幼児期においては、保育士の提起の仕方によって話し合いの方向が決まってきます。仲間として共に知恵を出し合って、互いに成長したといえる姿を生み出していくことを目指したいものです。

⑤**集団生活での障害に応じた支え**

　①から④までのことを大切にした上で、障害に応じて個別的な支えを工夫することも必要になります。1番でないとパニックになる子どもには、待てるようにホワイトボードに順番を示したマグネットを貼る、広い空間に移動するとどこに座るかわからず仲間を突き飛ばしてしまう子どもには、座る位置がわかるようにビニールテープで目印をつける、みんなと同じようにしたいけれどできない肢体不自由児には、始めと終わりは自分でさせて間を保育士が手伝うなど、集団生活の流れが滞り、まわりの子どもに必要以上に我慢させることのないような工夫も必要になります。こうした工夫は、専門機関の職員に相談すれば具体的なアドバイスを受けることができるでしょう。

（4）行事に取り組む

　日々の保育よりも保育士が緊張するのは行事です。運動会、生活発表会など保護者が見に来る行事は、障害児の「できなさ」が目立つため、1年目は「運動会は休ませる」という障害児の親もいて、保育士の悩みは尽きません。

　そういうときこそ、行事は何のためにするのかを職員で話し合ってください。行事のために保育者が疲れきっている、ストレスで病気になるなどということは本末転倒です。保護者を喜ばせることも子育ての上では大切ですが、子どもにとっての行事の意味は行事への取り組みを通して仲間関係が深まるというところにあることを忘れないでください。「園だより」で行事の意味を伝え、「クラスだより」でクラスのがんばりや個々の取り組みの意味を伝え、「連絡帳」で個々人の取り組みや課題を伝えましょう。

　障害児には何ができそうか、障害児の出番やそのときの支え方についてもグループやクラスで話し合うと、子どもたちが助け合って本番をもり立ててくれます。

4．担任任せにしないで職員集団で実践を深めよう

　障害児を担任することは大変ですが、1年後に「担任して良かった」と思えるようになるためには、次の3点のような配慮が必要です。

（1）職員会議でクラスの保育を支える

　1人担任の場合は、クラスの保育と障害児への対応の両立に苦しむことが多いですし、加配の保育士が配置されている場合も、多くは非常勤

職員であるため、障害児の対応に悩んでも話し合いの場に出しにくいものです。そこで職員会議で、障害児保育の進め方について話し合うことが必要になります。特に4〜6月期は担任も加配保育士も共に保育の見通しがもちにくく苦しんでいますし、行事の前もどのような取り組みにするかを悩んでいます。少なくとも、年度初めだけでなく、4・5月期、運動会や生活発表会の企画立案の時期、そして年度末には、障害児保育について話し合う機会をもちましょう。

(2) 園長・主任が力を発揮して

①園長の役割

　園長は、担任の保育を支えるために他機関や保護者との窓口として機能する必要があります。入園前に通っていた専門施設との情報交換、学区の担当保健師との連携や専門施設への巡回依頼など保育士が保育を進めていく上で必要としている情報や援助を提供できるように仕事を進めましょう。担任は、子どもの状況を保護者に伝えるだけで精一杯です。保護者に専門機関への受診を勧めたり、障害児の保護者会を運営したり、地域の障害児「親の会」や「学習会」を紹介するのも園長の仕事です。

②主任の役割

　障害児保育をスムーズに進めることができるように援助するのが主任の仕事です。担任と加配保育士が障害児のことで週に1回は打ち合わせたり相談できるように職員体制を組んだり、障害児の加配保育士たちと主任が保育についての悩みを語り合える時間をとったりすると、安心して保育に取り組めます。また、子どもの「問題行動」がひどくて担任が困っているときには、保育に参加して、子どもが「どういうときに」問題を起こしているかを第三者の目で見てみましょう。担任は一生懸命な

だけに子どもの姿を見失ってしまうことがあります。そうしたときに、客観的に保育を見直す材料を提供するのも主任の役割です。

（3）実践の記録をまとめ次年度への財産に

①毎日の記録を書く

　幼児の場合、連絡帳を書く時間を確保することが大変なのですが、障害児の場合は父母の不安も大きいですし、後々のための記録として位置づけて、障害児が楽しんだあそび、仲間との関わりを中心に書きましょう。日々の保育記録は、日課ごとにポイントとなった行動は加配保育士が記録しますが、担任1人で保育している場合は、あそび、仲間との関わりを簡単にメモしておくだけでも十分です。

②学期ごとのまとめ

　3ヵ月ごとに、生活、あそび、仲間との関係の項ごとに子どもの状況をまとめてみましょう。伸びてきていることがわかると次への意欲がわいてきますし、行事などで何に取り組ませるかも見通しやすくなります。

③年度末にはみんなで実践の成果を学び合って

　保育士がさまざまな研修や自主的研究会に参加して他園の実践から学べるように位置づけましょう。そして年度末には、クラスの仲間づくりについての苦労や悩み、取り組みでの発見や喜びを実践記録としてまとめ、職員会議で報告し合うことで園全体の財産になります。公的研修や民間の研究会で報告するなどの目標があると書く意欲が高まります。

　あしたから、元気に楽しく障害児保育に取り組めることをねがっています。

（近藤直子）

参考文献

近藤直子『ぐんぐん伸びろ発達の芽』全障研出版部、1995

白石正久・白石恵理子編『教育と保育のための発達診断』全障研出版部、2009

近藤直子・全通連編『ていねいな子育てと保育　児童発達支援事業の療育』クリエイツかもがわ、2013

近藤直子『"ステキ"をみつける保育・療育・子育て』全障研出版部、2015

【学習課題】
1．専門施設と保育所・幼稚園の取り組みの違いをまとめよう。
2．障害のある子どもとない子どもが"共に育つ"ことを保障するために求められる取り組みの視点をまとめておこう。

第3章

障害の基礎知識と保育

I　発達のおくれ

1．発達の道すじと障害

　障害のあるなしに関わらず、すべての子どもは無限の可能性をもって共通の発達の道すじを進んでいきます。進む速度はある範囲で個人差をもちながらも、一定の共通性をもって進んでいきます。障害のある子どもでは、この歩みの速度が障害のない子どもと比べておそくなります。

　障害のない子どもが何気なく乗り越えていく発達の節を、なかなか乗り越えていけない、あるいは障害のない子どもと比べるとかなりの時間や経験の積み重ねを必要とする。そうした場合、子どもに発達のおくれがあると考えていいでしょう。発達のおくれは、発達全般にわたっていることもあれば、運動、ことば、社会性などの特定の領域でとりわけおくれが目立つこともあります。

　発達を推し進める原動力はなんでしょうか。それは、子どもの内面にある発達へのねがいです。そのねがいが子どもの主体的な活動を生み出し、活動をとおして発達が進んでいくのです。そして、障害のあるなしに関わらず、すべての子どもは発達したいというねがい、発達要求をもっています。しかし、障害のある子どもの場合、障害のない子どもと比べると発達のねがいが弱かったり、あるいは発達へのねがいは強いのだけれども、障害が立ちふさがって、発達の道すじを進むことが妨げられ

たり、ということが生じるのです。

2．精神遅滞（知的障害）

　発達のおくれと関連する障害はいくつかありますが、ここでは、その代表ともいえる精神遅滞（Mental Retardation：MR）について説明しましょう。

　精神遅滞は、知的障害とほぼ同じ対象をさすことばとして用いられています。精神遅滞が医学診断名として用いられることが多いのに対して、知的障害は法令上の用語として使われることが一般的です。

　精神遅滞の定義は、精神医学の診断基準や、アメリカにおける精神遅滞に関係する学会などで規定されています。一般には、次の３つの要件を満たす状態を精神遅滞と呼びます。第一に、知的機能（知能）が明らかに平均より低いということです。「明らかに低い」ということをどのように捉えるかについては、一般に、知能指数(Intelligence Quotient：IQ）が70（ないし75）以下という値が基準になっています。第二に、身辺処理、家庭生活、余暇活動などの適応行動（あるいは適応技能）に著しい困難があるということです。第三に、これら二つが発達期（通常は18歳までを基準とします）に現れるということです。

　精神遅滞の何割かでは、明らかな医学的原因が見られます。このタイプを病理型の精神遅滞と呼びます。一般によく知られているダウン症候群は染色体異常を原因とする病理型精神遅滞の代表です。これ以外にも、フェニールケトン尿症などの先天性代謝異常、出産時などの頭部外傷などがあります。

　一方、こうした医学的原因がはっきりわかっているタイプよりも、原因がはっきりしない子どものほうが、数は多いとされています。このタ

イプを生理型精神遅滞と呼びます。一般には、病理型のほうが生理型よりも発達のおくれが著しいといわれています。

さて、病理がはっきりしている子どもたちのうち、ダウン症候群（ダウン症：Down Syndrome）は、障害児の専門施設はもちろん、一般の保育所や幼稚園で生活するケースが多くなってきました。少していねいにこの障害について見ておきましょう。

ダウン症は、イギリスの医師であるダウンが最初に報告した染色体異常による症候群です。通常2本対の21番目の染色体が一本多い（21トリソミー）ことによって引き起こされる発達障害です（21トリソミー以外のダウン症のタイプもごくまれにあるのですが、ここでは省略します）。精子または卵子がつくられるとき、21番染色体がじょうずに分離せず、片方の精子または卵子に二本入ってしまうことが原因です。

ダウン症の子どもでは、さまざまな側面で発達のおくれがみられます。例えば、乳児期の運動発達のおくれについてみると、通常の子どもが1歳〜1歳3ヵ月で歩行を獲得するところを、ダウン症の子どもでは2歳ころになって歩きはじめる子どもが多いとされています。つまり、障害のない子の倍の時間をかけて一人で歩く力を獲得するのです。また、歩行獲得後も動作は一般にぎこちなく、動きも緩慢であるという特性があります。

認識の発達についても、平均的にみれば中度程度の精神遅滞をもつ子が多いことが指摘されています（もちろん個人差はあります）。ことば・コミュニケーションの発達も一般におくれるのですが、言語的コミュニケーションに比べると、表情、身振りといった非言語的コミュニケーションの発達は比較的良好であるとされています。

また、医学的・健康的な側面で課題をかかえる子が多いことも知られています。その代表的なものは先天性の心臓疾患で、ダウン症の4割近

くにも上るといわれており、早期の手術が必要な子どもも少なくありません。心臓疾患以外にも、消化器系疾患、免疫機能の低下、屈折異常などの視覚系疾患、難聴などの聴覚系疾患など、医学的・健康的側面の問題が数多く見られ、保育と医療との連携が不可欠です。

3．発達年齢・精神年齢と発達検査

　子どもの発達の速度を、年齢という軸で表わそうという考え方があります。それが発達年齢（Developmental Age：DA）という尺度です。
　発達年齢は、後述する発達検査で求めることができます。運動、ことば、社会性など、いくつかの機能領域ごとに算出されたりもしますし、全体をあわせて求められることもあります。
　発達的側面のうち、特に知的発達に注目したものが、よく知られている精神年齢（Mental Age：MA）です。この精神年齢を実際の年齢（生活年齢、暦年齢：Chronological Age：CA）で割って100をかけたものが知能指数となります。知能指数は、理論上は、平均値100で、１標準偏差（分布の散らばり方を表わす統計値）が15の正規分布を取ります。たとえば、精神遅滞を決定する知能指数の基準は、平均値から２標準偏差ほど離れた値と定義されています。この数値を知能指数でいえば70となります。知能指数70以下の理論上の割合は全体の約３％です。
　発達のおくれを判断する検査を、一般に発達検査と呼びます。発達検査は、子どもと検査者が一対一で行う個別式のものと、母親など養育に直接関わっている大人が子どもの発達に関する項目について回答する質問紙方式のものがあります（その他、スクリーニングを目的とする集団式検査がありますが、ここでは省略します）。代表的な検査を見ていきましょう。

①津守式乳幼児精神発達質問紙

子どもが日常活動でできることとできないことについて、母親など養育者がチェックする方式です．特別な検査用具はありませんので、簡便に行うことができます。子どもの日常のようすから判断するので、検査時の子どもの状態に結果が左右されるということはありませんが、一方で、評価者の主観が影響することもあります．

②遠城寺式乳幼児分析的発達検査法

津守式同様、保護者などが記入する検査ですが、日常行動の観察だけでは不明な項目では一部検査を実施します。

③新版K式発達検査法

新版K式発達検査法は最もポピュラーな個別式の発達検査と言ってよいでしょう。2002年に「新版K式発達検査2001」へと改訂されました。検査項目は328あり、姿勢・運動領域、認知・適応領域、言語・社会領域の3領域、および全領域について、発達年齢（DA）と発達指数（DQ）を求めることができます。他の発達検査に比べて適用年齢が長いので、長期にわたって実施して、子どもの発達の経過を追うこともできます。一方で、標準化された手続きや多くの用具を使いますので、他の検査と比べると、実施にかなりの時間と検査者の技術の熟練が必要です。

④2つの知能検査

発達的側面のうち、特に知的機能に注目した検査が知能検査です。知能検査には、大きく二つがあります。一つは、精神年齢を求めてから知能指数を算出するビネ式知能検査、もう一つは、年齢ごとの検査得点の分布から知能指数を算出するウェクスラー式知能検査です。ウェクスラー式知能検査は適用年齢で3つの種類に検査が分かれており、乳幼児用はWPPSI（Wechsler Preschool and Primary Scale of Intelligence）と

呼ばれます。

⑤その他の検査

視知覚の発達と障害を検討する「フロスティッグ視知覚発達検査」、社会性の発達検査である「新版S－M式社会生活能力検査」、子どもの情報処理様式や習得度を調べる「K－ABC心理教育アセスメントバッテリー」などがあります。子どもの所見などで目にする機会もあると思います。

4．発達検査の結果をどのように読むのか

（1）日常の行動全体と常にあわせながら

新版K式発達検査法などの個別式の検査では、子どもが「テスト場面」という独特の状態におかれるので、子どもと検査者との関係性が結果に影響することがたびたびあります。そのため、検査者と子どもとの間でじゅうぶんに関係がきずけている必要があるでしょう。発達におくれのある子どもでは、初めて会う人と一緒に課題を行うこと自体に拒否を示すことも少なくありませんので、注意が必要です。

また、発達検査が示している「数値」はもちろん意味のあるものですが、発達におくれのある子どもでは、日常のさまざまな行動から判断される発達水準と常に関係づけながら読み取る必要があるでしょう。

（2）「できた／できない」の意味

発達検査は、検査にある特定の「行動」に的を絞って「できるか」「できないか」を調べるものではありません。「できた」行動が、子どもの内面のどういう発達の力によって現れたのかを考える必要があるのです。たとえば、新版K式発達検査法に「トラックの模倣」課題がありま

すが、これは「積み木」という実際のトラックとは無関係の事物でトラックをつくる「見立て」の力が内面に育っているかを調べているわけです。

発達におくれのある子どもでは、パターンとしていくつかの行動が「できて」しまう子どももいます。したがって、検査者は、内面的な思考をしっかりくぐらせた行動かどうかを、しっかりと見定める必要があります。

（3）検査項目がそのまま指導項目にはならない

検査の項目と実際の指導の項目は通常異なることが普通です。ややもすると、できなかった検査項目が個別的な指導課題としてそのまま選ばれてしまうことが少なくないように思います。しかし、ドリル的に指導してその課題ができるようになったとしても、子どもの内面的な力の発達の結果としてその行動が「できた」ことになっているでしょうか。先ほど書きましたように、検査で選定されている行動の形成が目的ではありません。行動の裏にある内的発達の表れとして結果を見なければならないし、その内面的な発達を形成するための保育が必要なのです。

（4）一人でできる、大人とできる

発達検査では、子どもが独力で解決できるかどうかを調べているわけですが次の発達を考える場合、独力で解決できる水準のみならず、大人の助けを借りると解決できる水準も知っておくことが大切です。積み木を積む課題で、一人でできない子どもが、大人が何個か積み上げてあげると、その上に一緒に積み上げていくという場面を目にしたことのある人もいることでしょう。

こうした協働でやれる水準こそが、今、子どもが乗り越えようとして

いる発達の壁であり、大人の助けを借りながら、子どもは「発達の一歩先行く課題」を自分のものにしていくところなのです。

5．発達のおくれのある子どもの保育上の留意点
（1）問題と思われる行動でも発達の道すじに位置している

　発達におくれのある子どもでは、同じ年齢の他の子どもが行わない「問題行動」を示すことがあります。例えば、他の子が保育士から離れて友だちと子どもだけであそべているのに、なかなか大人のそばを離れられない、あるいは、おもちゃであそんでいるところ、「ちょっとの時間だけ○○くんに貸してあげてね」と保育士に言われると、他の子はちゅうちょしながらも貸すことができるのに、なかなか貸せない。また、以前やれていたことを突然やらなくなってしまった…。

　一見すると、どれも確かに「困った」行動です。でも、冷静に考えてみると、他の子でもそういう時期があったな、ということに気づくでしょう。例えば、8ヵ月くらいのころ、初めての人を見て大泣きしたこと、大好きな大人と一緒ならいろいろあそべるけれど、大人のひざを降りたとたんに泣き出してしまったこと。1歳半を過ぎた頃、自分のものという意識がとても強くなって、友だちと一緒にあそびたいのに、おもちゃをなかなか渡せなかったこと。2、3歳くらいでは、まわりの評価に過敏になって、これまでできていたことなのに、まわりの目を気にして、急にやれなくなってしまったこと。

　そうした発達の節にまさに今向かい合っていて、乗り越えようとする子どもの姿がそこにはあります。その場面だけを切り取ってみてしまえば、確かにどれも「問題」に見える行動かもしれません。しかし、発達の道すじのなかにその行動はしっかりと位置づいており、発達的にはし

っかりと意味のある行動なのです。

（2）主体的活動での発達・集団での発達

　乳幼児期の発達を主導する活動はコミュニケーションとあそびであると主張した心理学者がいました。大好きな大人と通じ合いたいな、大好きな大人や仲間と一緒に活動したいな、という、子どもの心からのねがいが、そうした活動を支えています。

　発達におくれのある子どもでも同様です。コミュニケーションをとりたい、あそびを楽しみたいというねがいのなかで発達が推し進められることを、本文では繰り返し述べてきました。ただ、こうした子どもの場合、活動への意欲が他の子どもよりも弱かったりすることがまれではありません。それを支えるのは、まわりの大人であり、大人が用意した、子どもに「やってみたいな」と思わせる活動です。ややもすると弱くなる子どもの活動への意欲を、大人が引き出してゆくのです。

（3）発達の偏りと機能の連関

　発達に偏りのある子どもたちがいます。なかま関係づくりの苦手な自閉症スペクトラム障害の子ども、ADHDと呼ばれる多動の子ども（本章Ⅱ参照）。この子たちは、他の子と比べると、コミュニケーションの力が弱かったり、行動をコントロールする力が弱かったりという側面があります。そうしたとき、発達的に弱い側面だけを見てしまうと、そこだけに焦点を当てた指導に陥りがちです。

　しかし、行動はさまざまな側面の力、機能の発達の総合体です。内的な機能はさまざまに連関しながら、外に見える行動をつくっているのです。特定のおくれの見られる行動だけをターゲットとして、それを獲得させようとする方法では、ある特定の場面ではその行動が「できる」よ

うになるかもしれませんが、さまざまな可能性、応用性をもって、さらには、次の発達の力を含んで子どもが獲得することにはなりにくいでしょう。細かい行動のできる、できないに左右されることなく、子どもの全体像を捉えながら、子どもの発達を支えたいものです。

（4）先の発達を見通した関わり

　保育所、専門施設などで就学前の発達支援にあたっている人のなかには、就学までにこの力だけはつけてあげたい、という思いをもって子どもと関わっている人が少なくないと思います。子どものことを思えばこその大切なねがいと指導です。しかし、「これくらいはこの年齢でやれないと」という思いが強すぎて、「できるようにする」ことにこだわりすぎないように心がけなければなりません。

　例えば、ことばがおそい、出ないという状況があったとき、「話す」ことだけをねらった指導に一日の大半を費やしてしまう。障害の状態によっても異なるので一概には言えませんが、大好きな大人との情動的なやりとりが十分行われていること、大人とおもちゃを介してやりとりが楽しめること、子どもが興味あることを大人に伝えたいという気持ちが育っていること、そうした内面的な発達を経ているからこそ、「伝えるための道具」としてのことばが自然と発せられるのでしょう。

　繰り返しますが、障害の状態によっては言語に特化した指導は確かに大切です。が、ことばをはぐくむ基本的な場面は、大人や仲間との日々の活動であり、子ども一人ひとりの発達の速度に合った、長い目で見た支援が必要なのです。

（5）心許せる大人と一歩先の課題を

　発達の最近接領域ということばがあります。これは、子ども一人で十

分できる、自分のものとしてできる水準と、いくら大人の力を借りても達成できない水準の間のことをいいます。この水準にある子どもが、大人の助けを借りて、仲間の助けを借りて「できる」ことを重ねるなかで自分の力に変えてゆく、その積み重ねが発達といってもよいでしょう。

　発達におくれがある子どもでは、この水準をまわりの大人が発見して、適切な活動や課題を設定することが必要です。このとき、他の子どもではちょっとの援助ですっと抜け出してしまうのに、おくれのある子ではなかなかその水準を抜け出せないこともあるでしょう。そんなときこそ周囲の大人の工夫です。教材をかえてみる、働きかけ方をかえてみる、好きな仲間と一緒にやってみる、そうした試行錯誤での取り組みで、子どもは一歩先の課題を乗り越えて、発達の新たな段階へと入っていくのです。

（奥住秀之）

参考文献

白石正久『発達の扉（上）（下）』かもがわ出版、1996

奥住秀之『どうして？教えて！自閉症の理解』全障研出版部、2008

白石正久・白石恵理子編『教育と保育のための発達診断』全障研出版部、2009

奥住秀之・白石正久編『自閉症の理解と発達保障』全障研出版部、2012

【学習課題】
1. 精神遅滞（特にダウン症候群）とはどんな障害でしょうか。その基礎をまとめてみよう。
2. 発達診断の成果を読むとき注意することをまとめてみよう。
3. 発達のおくれのある子どもの保育の留意点についてまとめてみよう。

Ⅱ　LD、ADHD、高機能自閉症など

1.「発達障害」とはなにか

　LD（学習障害）、ADHD（注意欠陥多動性障害）、高機能自閉症などは、「発達障害」といわれます。2005年に施行された発達障害者支援法によれば、発達障害とは「自閉症、アスペルガー症候群その他の広汎性発達障害、学習障害、注意欠陥多動性障害その他これに類する脳機能の障害であってその症状が通常低年齢において発現するもの」と定義されています。奥住秀之氏はこれを、「発達期における中枢神経系（脳のこと）の機能障害（じょうずにはたらかないこと）を原因とする、認知（知能）、社会性、言語、学習、行動、運動などの障害の総称」と説明しています。

　発達障害の診断基準や定義が整理されたのは、ごく最近のことで、その代表的な診断基準がアメリカの精神医学会の診断マニュアル（DSM）や世界保健機関（WHO）の疾病分類（ICD）です。これらの診断マニュアルが十数年ごとに見直され改訂されるたびに、発達障害と関連する障害の診断名や診断基準が変わっています。また、アスペルガー症候群（ICD-10）とアスペルガー障害（DSM-Ⅳ-TR）など、診断マニュアルによって、名称が異なるものもあります。

　発達障害を定義する場合、知的障害をその中に含むかどうかが議論さ

れてきました。知的障害を含むとしているものもあれば、知的障害は含まない、すなわち知能指数（IQ）がおおむね70以下を除外するとしている定義もあります。また、杉山登志郎氏は、虐待を受けたことによる発達上の影響を発達障害のひとつに含め、「第四の発達障害」と呼んでいます。このように学問上の定義にはまださまざまな意見がありますが、発達障害の子どもたちは、保育現場にたくさんいて、その数も増えていることが指摘されています。以前から「グレーゾーンの子どもたち」「気になる子どもたち」などと言われてきました。文部科学省が2002年に行った調査では、小・中学校の通常学級の6.3％にあたる子どもたちに、LD、ADHD、高機能自閉症などの傾向があることが報告されています。保育現場でも各地で実態調査が行われていますが、発達障害を含む配慮の必要な子どもたちはクラスに多く存在し、年々増えていることは保育者の実感でもあります。

　発達障害のある子どもは、発達のずれやアンバランスが見られることが多くあります。とてももの知りなのに着替えが一人でできない、ことばが達者なのに片づけをしない、ボール遊びは苦手なのにトランポリンは上手など、できることと苦手なこととの差が見られるのです。また、よくおしゃべりをするのでわかっているようなのに保育者の指示に従わない、他の子どもたちと同じようにできることもたくさんあるのにやろうとしないという子どももいます。こうした状態によって本人の努力不足ややる気のなさ、なまけているせいだと思われたり、障害があることに気づかれないまま過ごすことになります。また、親のしつけや育て方のせいだと思われることもあります。1歳6ヵ月児健診などの乳幼児健診や医療機関でも「心配がない」、あるいは「ようすをみましょう」と言われることの多かった子どもたちです。したがって、障害児保育（保育士加配制度）の対象にならないことも多く、特別な配慮や人手が

かけられず困っている保育所が多いのも現状です。

　学校教育では、2007年からの特別支援教育実施によって、通常学級のなかで学び生活するこうした子どもたちへの取り組みが進められています。保育所や幼稚園でも、子どもの発達のねがいを十分に理解した保育を行うため、それぞれの障害の幼児期の特徴を知った上で、保育実践を考えていくことが必要です。

2. それぞれの障害の理解と対応

(1) 学習障害（LD）

　学習障害（LD）の定義は、文部省（当時）に設置された調査協力者会議が1999年にまとめたものが多く使われています。そこには「基本的には全般的な知的発達の遅れがないが、聞く、話す、読む、書く、計算する又は推論する能力のうち特定のものの習得と使用に著しい困難を示す様々な状態を指すものである。学習障害は、その原因として、中枢神経系に何らかの機能障害があると推定されるが、視覚障害、聴覚障害、情緒障害などの障害や、環境的な要因が直接の原因となるものではない」とあります。つまり、教科書が読めても文字が書けない、読み書きができても計算ができないなどの学習困難を抱える子どもたちです。

　学習障害は学習と関わっての困難なので、まだ本格的な学習活動が始まらない幼児期に診断は確定されません。しかし、学齢期になって診断される子どものなかには、幼児期から何らかの気になる行動を示すことがあります。それは、「見たものを判別して読み取れない」「聞いたものを区別して聞き分けられない」「見たもの、聞いたものを記憶できない」「左右の区別がわからない」などといった認知の発達につまずきがあることから生ずるものです。たとえば、保育者の話をたくさんの刺激の中

から聞き取れないために、そわそわしているように見える、保育者の指示とは違うことをしている、あるいは自分の道具入れの場所をなかなか覚えることができないなどです。なかにはからだの動きや手先の不器用さのため、絵を描いたり折り紙を折ることが苦手であったり、おやつの時に出される袋菓子がなかなか開けられずにいるといったようすが見られる子どももいます（不器用さのある子どもの中には発達性協調運動障害の子どももいます）。学習障害の疑いのある子どもたちのなかには、他の子どもたちと同じようにできることやわかっていることもあるので、「気になる行動」に十分に対応されまま本人の意欲のなさと判断され、「がんばればできる」と励まされることも少なくありません。そのために自分が友だちに比べてできない、できないのは自分のせいだと思って自信をなくしてしまうこともあります。

　こうした自信のなさや学習困難が積み重なり、学童期になって勉強嫌いや学校不適応を生み、不登校などに陥ってしまうことが心配されています。したがって、園では不器用さや認知の発達につまずきをもつ子どもたちに、必要な手助け（わかりやすいように大人が話す、本人が聞いているか確認する、活動の達成感をもたせるような工夫をするなど）とともに、自信をもたせるような配慮やあそび・活動を保障していくことが求められます。

（２）注意欠陥・多動性障害（AD／HD）

　ひとつのことに集中していられなかったり、動きが多い状態を示す子どもが注意欠陥・多動性障害（AD／HD）と診断されることがあります。不注意（気が散りやすい、よく忘れるなど）、多動性（じっと座っていられない、しゃべりどおしなど）、衝動性（順番を待てない、質問が終わる前に答えを言うなど）の３つの行動特徴を示しますが、子ども

によっては、不注意だけが見られる場合、多動・衝動性だけが見られる場合、そのいずれもが見られる場合があります。すぐに「見たい」「触りたい」「やってみたい」という要求が強く好奇心旺盛であったり、いくつもの刺激に関心がいくために行動をうまくコントロールできないことのある子どもたちです。

こうした特徴のため、保育者がみんなで何かをしてほしいときに、部屋から飛び出してしまう、走ってはいけないところで走り回ったり高いところへのぼってしまう、しゃべってはいけないところでおしゃべりが止まらないなどの姿を見せる子どももいます。ときには、友だちとの間で気に入らないことがあるとイライラした気持ちを抑えられずに、思わず乱暴なことばを言ったり手を出してしまうこともあり、保育者が困ることのひとつです。こうした行動の特徴は、通常4歳頃に育つ自制心や内言（自分で自分に向けたことば）、あるいは、行動を段取りよく進めるための実行機能という力のつまずきと関係があると指摘されています。「ちょっと待てよ」と考える前に、行動したり言ってしまうのです。ですから、本人がまわりを困らせようとして行うことではないということを、まずまわりの大人が理解することが大切です。また、静かなところだと友だちと仲良く過ごせるのに、まわりに刺激が多いことによってイライラすることがそのような行動を引き起こすこともあります。

したがって、子どもが集中できるような環境やあそびの提示、動いてもいい時間をつくる、出ていっても「また戻ってきてね」というような保育者の構えが必要です。また、大事な約束をする時には直前にもう一度確認する、時間をつくって片づけ方を教えるなど、できる方法で本人の力が出しやすいような対応を考えていくことが必要でしょう。また、何度も同じことで叱られる子どももいます。そのために、自分は「だめな子」と思っている場合も少なくありません。がんばったね、と認めて

もらえる保育者や友だちのかかわりが子どもにとっての支えになります。

　ADHDの子どもたちのなかには、新しいユニークな発想をしたり、おしゃべりで人を楽しませるなど、すてきな面をもつ子どももたくさんいます。こうしたいい面をクラスの中でも係り活動などで生かしていくような取り組みも必要でしょう。

（3）高機能自閉症・アスペルガー症候群（自閉症スペクトラム障害）

　自閉症については次のⅢで詳述されていますが、そのなかで特に知的発達におくれのない、あるいはおくれが軽い自閉症、つまり高機能自閉症やアスペルガー症候群についてここでは取り上げます。高機能自閉症は自閉症スペクトラムの特徴をもち、知的発達にはおくれが認められない場合です。一方、アスペルガー症候群は、3歳までに意思伝達の句を話すなど言語発達に著しいおくれがないものとされています（しかし両者には区別がつかないことも多い）(注)。両者とも対人関係の発達のつまずきがあり、人とうまくつきあえないことが特徴です。園生活では、みんなとは別のところに一人で行ってしまい、自分の興味のあることにこだわっている、人なつっこいのに行事や集団活動のなかでその場にそぐわない言動をするといった行動傾向が見られます。なかには、集団のなかで目立つ行動はしないけれど、強い不安をもちながら生活している子どももいます。

　また、集団生活をおくるのに配慮の必要な問題を抱えることがあります。その一つは、特定の音やにおい、肌触りなどを嫌がったり、そのことによって強い不快感や不安を覚えることがあるということです。不快感や不安が引き金になって、突然パニックになって騒ぎだしたり、ときにはそれが高じると自分や友だちを傷つけたり物を壊す行動をとること

もあります。しかし、パニックになるのも理由があるので、とにかくやっていることをやめさせたり、「〜したらだめ」と抑えるような対応でなく、不安になっている気持ちをわかってくれる大人がいて、気持ちを落ち着かせたり、イライラする気持ちに折り合いをつけることがじょじょにできるように考えていきたいものです。二つには言われた言葉の意味やまわりの状況が把握できず、何をしていいかわからずに混乱してしまう場合があるという点です。特に予定がわからないことや先の見通しのつきにくいことに不安を感じやすい傾向にあります。たとえば楽しい行事であっても、それがはじめてのことであると、人の気持ちや考えを把握することが苦手な子どももおり、友だちが気に障るようなことを言ったり、その場にそぐわないことをしゃべってしまうこともあります。そのために、変わった子、失礼な子どもと誤解されてしまうことも少なくありません。また、特定の物やあそび、スケジュールなどに強いこだわりをもつ子どももいます。こだわりが原因で生活のペースがずれたり、おくれたりすることも保育のなかでは手助けが必要なことの一つです。

　高機能自閉症やアスペルガー症候群の子どもたちには、まずこうした独特の感じ方や集団のなかでの生きづらさをわかってくれたり、こだわりがあっても認めてくれる保育者がいることが、園で安心して過ごせることにつながります。楽しい体験を通して気持ちが通じていく幼児期に、「先生や友だちといると楽しいなあ」という経験を積み重ねていきたいものです。

　人とうまくつきあえないという発達の課題をもつ子どもたちに対して、たとえばお辞儀の仕方や言葉づかいなどの「つきあい方」のみをトレーニング的に教えていく方法があります。しかし、子どもの立場にたてば、なぜいまそれをするのかが理解できていない場合が多いもので

す。それよりも、気持ちをわかってくれて、自分を受けとめてくれる大人が支えになり、集団の中で「楽しいこと」やできた喜びを味わうことで「友だちっていいなあ」という気持ちが生まれ、そのことを通して場に応じた行動や言葉づかいがじょじょに身についていくことをめざしたいと考えます。

3．ライフサイクルを通じた発達保障のために
（1）子どもの気持ちに共感し、発達へのねがいを理解する

　発達障害の子どもたちは、本人はみんなと一緒のことをやろうと思っていても、さまざまな場面で物事を理解したり、行動することがうまくいかないことによるストレスを感じていることがあります。それに加え、まわりの大人から叱られたり、繰り返し制止されることもあります。そのことによって、自信を失ったり、失敗感をもち、やる気がなくなりがちです。なかには、こうした失敗が積み重なることによって、人が信じられなくなったり、攻撃的な言動となる場合もあります。虐待やいじめ、からかいによって傷つくことが、このような行動を激しくさせる場合もあります。

　このような行動に対し、早く改善させようとして、行動の背景にある子どものつらさや不安、あるいは発達へのねがいを無視した対症療法的な対応が行われることが、よけいに状態をこじらせることにもなりかねません。障害の特徴を理解することは大切ですが、それにとらわれて目の前の子どもたちの気持ちや発達のねがいを無視した対応にならないよう、理解をすすめていきたいと考えます。自分のことを認めわかってくれる大人がいるからこそ、人への信頼感が育ち、それを土台にさまざまなことに挑戦してみようというねがいが生まれるのです。

（2）クラスのなかで位置づける

　園生活が充実し、集団のなかで仲間との育ちあいがなされていくことは、すべての子どもたちにとって重要です。友だちどうしが認め合い、お互いの良さや異なる個性を認めつつ、どの子にとっても園が安心できる場になることが基本です。そのためには、単に子どもが集団に入ればいいという考えではなく、そこでの仲間との活動が子どもにとって楽しく、自分を試してみようと手ごたえのあるものになっているかが大切です。したがって、集団に入りにくい要因を理解し、集団がその子に合った規模や保育形態かどうかを検討することが必要でしょう。その上で、参加しやすいような柔軟な日課や教材・あそびの工夫、あるいはわかりやすい指示の仕方などの配慮について、子どもにそって考えていくことが求められます。また、クラスの子どもたちどうしが理解しあえる仲間づくりが大事です。たとえば、今すぐに部屋に入らなくても、保育者に「Aくんならもう少したったら入ってくれる」ということが見通せれば、クラスの中にも「Aくん、待ってるよ」という理解と暖かな雰囲気が生まれるでしょう。

　危険なことややってはいけない行動をする子どもがクラスにいる場合、保育者もまわりの友だちもそれに振り回されてしまい、騒然となりがちです。もちろん安全でないことや人や自分を傷つける言動を許してはいけませんが、その際に大騒ぎをして叱りつけることがかえって問題を長引かせることにもなりかねません。いったん落ち着くまで冷静に対応していくことが重要です。そして、やってはいけないことはきちんと伝え、より望ましい行動を子どもに一緒に考え、具体的に伝えていくことが必要です。大好きな先生や仲間が認めてくれる体験は、人への安心感を生み、子どもが自分を振り返る心のバネとなります。

このような、一人ひとりの子どもの発達のねがいと個々の良さに気づき、それを尊重していくような認め合いの園づくりをすすめていくことが、子どもたちの発達を保障する上で欠かせません。そのためにも、園での協力体制や人的、物理的な環境の充実が求められるでしょう。

（3）子育てを支える早期の発見と発達支援

発達障害をもつ子どもの親ごさんの中には、わが子に育てにくいことがあったり、まわりの子どもたちやきょうだいとは違う何か「気になる」問題があっても、相談した人から「大丈夫」「心配のしすぎですよ」と言われて日をすごしてきた方も多いようです。「お母さんがもっと手をかけてください」「きちんとしつけないからこうなった」と責められ傷ついていたり、逆に、わが子の障害や発達のつまずきを認めたくないと葛藤している親ごさんもいます。しかし、例えばスーパーマーケットでレジを済ませていないのに袋を勝手にあけてしまう、他の子どもに手を出してけがをさせてしまうなどのトラブルがあったり、迷惑をかけるたびに謝りにいったり、まわりから責められる経験が重なると、相談することさえ思いつかず、一人ぼっちで悩んでいることも少なくありません。

そのために、必要なことは、"困っている"子どもや関わる大人にいち早く支援の手が差し伸べられるような地域の乳幼児健診と療育・相談体制を充実させることです。その子にあった生活やあそびを考えていく上で、障害児療育は大きな役割を果たしています。しかし、療育を受けるためには契約が必要だとされる現行の制度では、親ごさんが子どもの発達上の問題を認めないと対応が進まないという問題を生みます。乳幼児期は、障害や発達のつまずきがわかりにくく、受けいれるには時間がかかる時期です。親ごさんの不安や心配ごとに応え、具体的な援助につ

ながる方策を明示していくために、早期の発見と発達支援がもっと機能しやすいように制度が整えられていくべきでしょう。

(4) ライフサイクルを通じた発達保障

　発達障害の子どもたちは、就学にあたって小・中学校の通常学級にすすむことも多く、年齢があがるとともに学習や生活上でさまざまな苦手なことやできないこと、困ったことに直面することもあります。幼児期から小学校、小学校から中学校、学校から社会へという移行期に問題が生じやすいともいわれています。なかには、勉強にはおくれがないために見過ごされて人知れず悩みを抱えていたり、友だちとの関係で傷つく体験をすることもあります。叱られたり責められた経験をたくさんしてきた子どもたちもいます。そうした経験が自己評価の低下を起こし、年齢が長じるにつれて、例えば学校に行けなくなったり、非行や暴力を起こす、あるいは家から出られなくなるなどによって、本人、家族ともに大きな悩みをかかえて生活を送ることのあることが最近問題になっています。

　しかし、保育所など就学前の取り組みが学校に引き継がれ、ライフサイクルを通じて、信頼した人と出会い、それぞれの時期に「大切にされる」「いい経験をする」ということが本人を支えることも少なくありません。こうしたライフサイクルを通じた発達保障を視点にし、親ごさんとともに、卒園後も子どもたちがその子らしく生活を過ごしていくことのできる支援の充実を求めていきたいものです。　　　　（別府悦子）

（注）：2013年に改訂が予定されているDSM－Ⅴでは、アスペルガー症候群（障害）などが「自閉症スペクトラム障害」と表記されると言われています。最新の情報で確認してください。

参考文献

日本LD学会『LD・ADHD等関連用語集』日本文化科学社、2004

内山登紀夫監修・えじそんくらぶ高山恵子編『ふしぎだね!? ADHD（注意欠陥多動性障害）のおともだち』ミネルヴァ書房、2006

内山登紀夫監修・神奈川LD協会編『ふしぎだね!? LD（学習障害）のおともだち』ミネルヴァ書房、2006

内山登紀夫監修、諏訪利明・安倍陽子編『ふしぎだね!? 自閉症のおともだち』ミネルヴァ書房、2006

杉山登志郎『子ども虐待という第四の発達障害』学研、2007

別府悦子『発達障害の人たちのライフサイクルを通じた発達保障』全障研出版部、2012

【学習課題】

1．LD、ADHD、高機能自閉症、アスペルガー症候群の子どもたちが示す行動の特徴と対応について、子どもの気持ちや発達のねがいを大切にする視点からまとめてみよう。
2．集団にうまくなじめない子どもがクラスにいる場合、どのようなルールあそびや活動を計画したらよいか、グループで話し合おう。

Ⅲ 自閉症

1. 自閉症はどういう障害か

　自閉症という障害は、長年研究され原因が脳のある部分の機能障害であることはほぼ合意されていますが、原因疾患は特定されていません。また発達とともに状態像が変化していきます。現在は行動特徴により定義され、子どもの状態を以下に述べる定義にあてはめ診断をしています。

　ここでは、1992年に改訂されたWHO（世界保健機関）の国際疾病分類ICD-10に従って、自閉症を「広汎性発達障害」の一つに位置づけます。そこでは「相互的な社会関係とコミュニケーションのパターンにおける質的障害、および限局した常同的で反復的な関心と活動の幅によって特徴づけられる一群の障害（後略）」と定義しています。さらに「3歳以前にあらわれる発達の異常および、または障害の存在」としてより早期から障害が現れてくるとされています。「広汎性発達障害」には、自閉症の他に非定型自閉症（定義に一部分あてはまらない自閉症）やレット症候群、アスペルガー症候群などが含まれています。

　この「広汎性発達障害」という広い定義がなされたことで、保護者が育児不安から受診した場合でも、行動特徴の主訴があれば1回限りの診察でも診断されやすい傾向が見られます。発達とともに変化していく障

害であることから、1、2歳という低年齢に見られる発達特徴がその後も一貫しているのかどうかなど、診断についてはより慎重でていねいな見守りが求められます。早期から経過を追って見るなかで、子どもの行動特徴に一貫した傾向があって変化しにくく、そういった行動特徴により社会的な適応が困難であることで「障害」として診断します。現在のところ、大まかには、以下の3つの行動傾向で特徴づけられますが、それぞれに述べるように低年齢に示す特徴から発達にともなって現れ方が変化していく、という認識をもってください。

第1に、対人関係では「他者と目をあわせにくい、呼んでも振り向かない、集団で一斉にする活動に入りにくい、相手の意図に構わず一方的に自分の思いを通そうとする、社会的に求められる対人関係の文脈が理解しにくい」といった社会的関係を結んでいく際の困難があります。

第2に、ことば・コミュニケーションにおいて「指さしやことばでは要求せずに相手の手をとって要求するものの方に持っていく（クレーンハンド）、ことばを話していてもコミュニケーションがとりにくい、問いかけに対して問いかけた人のことばと同じ口調で応じる（エコラリア）、ことばの意味理解が字義どおりの解釈であって状況との関係での理解が弱い」などの特徴が見られます。

第3に、行動面で「身体を回す・手をひらひらさせる・一定の姿勢で物を見いるあそびをする、ドアを開閉する・丸いものを回す・扇風機の回転を見るなどの同じことを繰り返すあそびを好む（常同行動）、形や色を一定の法則で並べる、数字・文字・記号などが好き、物を置く位置や手順や道順などに決まりがありそれを変更するとパニックになる、高い所に上りそこから周囲を見ることが好き」などの行動傾向が見られます。

ところが、近年「自閉症スペクトラム」という表現が広がっており、

これまで自閉症の特徴と考えられてきた行動は、健常発達の中でも軽度に見られる特徴として「健常」との連続性の中で子どもの「自閉度」を捉えようとする考え方もあります。今後の研究の発展によって、定義自体も変わっていく可能性があります。自閉症は、発達の遅れがない場合もあり、保護者には障害として認識する難しさがあり、保育所には診断されていない状態での入所も多くあります。障害としての理解のみにとらわれず、行動の意味をどう理解するのかという点で、発達的な理解を踏まえ、子どもの心を理解する視点にたつことが必要と思われます。

2．子ども理解を深める視点

保育や療育で、「自閉症の症状」にのみ着目すると、その行動を是正することに焦点が向き、子ども全体を見ることがおろそかになりがちです。保育者は、「自閉症だから常同行動がある」という表面的理解から一歩深め、どうしてそういった行動をとるのか、子どもの全体像とその気持ちを理解していくことが求められてきます。

近年、高機能自閉症の方の著書やさまざまな研究の成果から、自閉症児者に常同行動が現れるのには理由があることが明らかになってきました。独特な情報の受け止めや認知の傾向があり、その理解の仕方にみあう行動をとることで、結果として「偏った行動」になるのです。その感じ方や理解の仕方を踏まえて、周囲が受け止めることも求められています。

また早期発見・早期療育によって、1、2歳からの発達経過が明らかになり、「目が合わない、呼びかけても振り向かない、物を並べる・回すなどの同じあそびを繰り返す」などの行動が、発達とともに変わっていくこともわかってきました。子どもの姿を決めつけずに、ていねいに

小さな変化を追っていきたいものです。

　ことばでのコミュニケーションが苦手で、相手の意図がわからないために混乱したり困ったりしたときに、自分の好きなパターンの行動を繰り返すことで落ち着いたりすることも多いようです。ことばで伝えるだけでなく、あそびのモデルの示し方を工夫し、子どもができそうな活動でわかりやすいあそびを提供すれば、友だちとも楽しんであそべます。視覚的な情報の提供ということがさかんに言われますが、単に文字や絵で伝えればよいということではありません。子どもの弱さと強さの両方を踏まえつつ、子どもに着実に伝えたいことを届けるために、発達に即した働きかけをすることが求められます。

3．幼児期の特徴と療育・保育の視点

　ここでは発達段階に沿って、自閉症の子どもの療育・保育の視点にふれていきます。

①**乳児期前半（0ヵ月から6ヵ月ごろまでの発達段階）**

　必ずしも乳児期前半から自閉症を疑う行動特徴が見つかるわけではありません。この時期の行動特徴は、子どもの養育者から生育歴の聞き取りをするなかで明らかになったものが中心です。聞き取りからは、「よく泣いて常に抱いていないと眠らなかった」「抱きにくい赤ちゃんだった」「離乳食がすすみにくかった」など、さまざまな育児上の困難があったことが指摘されています。しかし、発達障害があるとは把握されにくく、子育てのしにくさで問題が顕在化する場合と、「おとなしくてよく寝る赤ちゃんだった」など表面には表れてこない場合があるようです。

②**乳児期後半（6〜7ヵ月から12ヵ月ごろまでの発達段階）**

この発達段階の養育者の回想では、自閉症の特徴につながる対人関係の発達の弱さを示すものとして、「母親への愛着行動が少ない」「人見知りが弱い」といったことが多く指摘される半面、「人見知りが強くて母親べったりで離れたがらなかった」という指摘もあります。また、乳幼児健診の結果からは、移動運動でほとんどおくれがなく、10ヵ月ごろの、他者と物をやりとりする行動（チョウダイと言われて渡すなど）、他者のする指さしの方向を向く、身振り模倣（おつむテンテンなどのことばかけに応じて大人のしぐさをまねる）、自発的な指さし行動（自分から見つけたものを指さして大人に知らせようとする）などの項目で通過率が低いことが指摘されています。これは、自閉症の子どもたちは乳児期後半の段階から、身振りや指さしによって相手が何かを伝えようとしていることに気づく力が弱いことを示しています。一方で、この時期に自閉症とは推測されにくいものの、物に対する関わり方や親指とひとさし指でつまむピンチ把握が困難など全般的な発達のおくれがあるとされる一群の子どももいます。

　これらの傾向をもつ乳児に関しては、10ヵ月児健診での早期発見・早期対応が求められます。一人でよく動き物との関係であそぶことが多い子どもに対し、大人がしっかり反応を返してあげることで、子どもが大人と一緒にあそぶ楽しさや身体に働きかけてもらう快感を得て、大人への期待や要求が生まれるように導くことが大切です。

　また、母子関係を重視する視点から、親子のスキンシップが必要以上に強調される傾向がありますが、むしろ母子分離の療育に取り組み、療育者とやりとりしてあそぶ関係のなかで「こうしたら、こうしてくれる」といった期待が子どもに生まれ、母親とは違う「他者への意識」も育ちます。母子の距離が開くことで、あらためて母親との愛着関係が成立することは多くの事例で検証されていることからも、この時期の療育

者を母親のみに限定する必然性はありません。

　療育・保育の内容に関しては、「まてまてあそび」「くすぐりあそび」など大人が主導する身体を使うあそびや、子どものしている行動に大人が合わせながらも少し違う反応を返すことで大人への期待を育てるあそびなどが考えられます。大人が主導する場合には、子どもが期待しているかどうかをよく見る必要があります。子どものしぐさや視線などから期待を読み取り、それにタイミングよくこたえてあげると、自分がしたことに大人が関わってくれたという実感を育てていくことにつながります。大人が一方的なテンポで働きかけると、子どもは自分の行動との関連や意味がとりにくく、その働きかけが受け入れられないことにもなるので、注意が必要です。

　この時期の養育者に対しては、具体的な身体を使ったやりとりあそびなどのアドバイスが必要です。子どものわずかな反応から大人への期待を読み取り、行動の変化をわかりやすく養育者に伝えましょう。働きかけると子どもから反応がかえってくる。そんな手応えを養育者が得て、子どもの成長の姿が見えてくるような支援をしていくことが大切です。

③ 1歳半の発達の節に挑戦する段階

　1歳半という年齢は、発達の質的な変わり目です。目的に向かう歩行の獲得、自分の意思で道具を使おうとする手操作の発達、話しことばの獲得の時期として知られています。自閉症はほぼこの時期に、ことばの獲得のおくれ、あるいはことばの消失などの発達退行によって障害が発見される場合が多くなっています。ことばの発達のおくれが見られますが、ことばの数よりもむしろ、ことばがコミュニケーション手段として定着しにくい、指さしなどが見られない、といった相手に意図的に伝える心理機能の育ちの問題を発見する必要があります。

　したがって、療育・保育では、ただことばの獲得を目指すのではな

く、相手に意図的に伝えようとする機能の発達を保障することが求められます。具体的には、①伝えたい相手の存在が確かなものとして定着して広がること（母親だけでなく、担当の保育者やその他の保育者にもあそびの期待と愛着が広がる）、②伝えたい中身・他者と共有する活動が広がること（ほしいものだけでなく、あそんでほしいと要求するあそびが複数ある、大人や子どものモデルがあって子どもがやってみたい活動がある）、③伝える手段がことばに限らず広がり、さまざまな伝えたい思いにかなう手段（視線、しぐさ、手さし、指さし、身振り、サイン、絵などの表現活動）を見つけられること、が大切です。

　しかし、乳児期後半の対人的やりとり関係が成立しても、就学前にこの発達の節に挑戦しつづけている自閉症児は多くいます。これらの子どもたちは、話しことばがほとんどなく、手を使う道具的な行為の獲得にも時間がかかるなど、コミュニケーション手段と手操作面における困難や不器用さをもっています。この困難さがあることから、高いところに上る、決まったルートで走る、ドアを開閉する、丸いものを回す、紐を振る、などの常同行動で落ち着く場合もあるようです。これらの行動を、まずは「好きな行動である」と受け止めたいものです。あるいは「何らかの気持ちの表現かもしれない」と理解することも大切です。大人が意図的に、子どもの感じているおもしろさを尊重して関わると、「もっとして」という要求が生まれてきます。すると「多動」や「常同的」に見えた行動は「子どもが要求する行動」として徐々に育ち、視線も合いやすくなり、子どもの意図が理解できるようになっていきます。この時期には、自閉症児の視線が子どものモデルに向きはじめることも出てきます。子どものモデルによって「やってみたい活動」が広がったり、友だちへのあこがれやライバル意識のような気持ちをもっていることに気づかされることがあります。鉄棒やのぼり棒など、発達的には高

度と思われることにもあこがれの視線を注いだり、友だちが楽しんでいたり大人に認められていたりすることに共感する気持ちが育っていくのです。

　1歳半の発達の節に挑戦しつづけ、ことばでは伝わりにくさを感じることの多いこの段階においては、3年間ぐらいの見通しをもち、行動に含まれる意図をくみとるじっくりとした関わりが求められます。しっかりと大人に意図をくみとってもらい、あそんでもらうことから自分のしたいことに気づく。そしてそれを意図的に伝えようとする、大人と共有する、子どもたちと共有するといった相互的なやりとり関係が発展します。自分のしたことが相手に伝わる体験や身体全体で「できた！」と実感できる体験が積み上がってくると、「よりもっとしたい」というねがいや「自分でしたい」という気持ちの育ちにつながり、次の発達段階への手がかりが生まれてきます。

④2歳半から4歳ごろまでの発達段階

　この発達の段階では、「大きくなりたい」「できるようになりたい」「相手に認めてもらいたい」といったねがいが育ち、自己主張も強くなる時期です。自閉症の子どもにもそういったねがいが育ってきます。ことばについては、他者とのコミュニケーション手段としての獲得よりも先に、本人の興味ある事物の名前を獲得したり、エコラリアなどの形で獲得していく傾向があります。他者との相互作用は、本人に理解されるパターンにはまると成立しやすくなり、他者の模倣も増えて、目も合いやすくなります。さまざまな常同的行動は、単純な行動の繰り返しから、一定の好きな傾向をもつ行動（スイッチや機械の操作、色や形の一貫したもの、文字やマークにひかれるなど）になります。また、気に入らなかったり自分におもしろいと感じられない場合には、拒否したり部屋から出ていくことも多くなります。生活面でもこういったこだわりは

見られ、衣服の好きなものが出てきたり、食事で「緑色のものは絶対に食べようとしない」といった姿が出てきたりします。

療育・保育では、こだわりや好き嫌いの傾向は、ときにはわがままにも見え、関わりに迷うところですが、まずは子どもの姿をありのままに受け止めて尊重するところから出発しましょう。発達的には自己主張が強まる時期であり、子どもが相手に伝わるという手応えを得て、より一緒にしたいという気持ちを育て、生活やあそびの幅を広げることが大切です。常同行動も「好きなあそび」として自分のしたことに共感してもらえると、結果として他者とのやりとりあそびが成立しやすくなります。本人の好きな世界に共感し、理解して、手応えとなるように返す関わりを続けていくと、相手の反応や関わりをおもしろがったりするものに変化していきます。大人の意図を伝えるときは、わかりやすく結果を示す、視覚的教材や他の子どものモデルを示す、などが有効です。クラス全体で取り組む活動に誘うときは、本人にとって参加しやすく見通しのもちやすい活動を用意します。また「見る」という形で参加することもあります。子どもが見通しをもちやすくなるように、保育全体を工夫する必要があります。

本人の理解できる短いことばを選ぶなど、コミュニケーションのとり方にも配慮がいります。わかりやすいパターンは一人ひとり違うために、その子どもに合わせながら意思疎通を図ることが大切です。食事でも本人の好き嫌いをふまえて、まずは食事場面が楽しいもの、期待されるものとして定着することを優先したいものです。その上で、食器や盛り付けを一品ずつにするなど、子どもが目で見てわかりやすい形を考え、食べてみたらおいしかったという体験をねばり強く積み上げていきましょう。

この発達段階では、こういった大人や他の子どもに自分の思いが伝わ

り、友だちにあそびで受け入れられる体験を通じて、自分もできたという達成感が積み上がり、自分への肯定感が育ちます。エコラリアなどでパターンにはまった会話をしながらも、こういえばこう返ってくる、伝わったという成功の体験を蓄積することで、他者とのコミュニケーションも可能になっていきます。

　しかし、他者と安定した相互のコミュニケーションがとりにくい場合などに、本人のもつ好みや行動傾向がより偏っていくこともあります。そうなると、本人に合わせるあまり他者の行動を制限することになったり、本人の好みがこだわりとして定着して生活がより不便になっていくこともあります。食事でも「好き嫌い」といった程度を超えて食べられるものの幅が狭まっていくといったこともあります。こういう場合の働きかけでは、全面否定でもなく全面的な受け入れでもない第3の道の追求が必要です。本人にとって一番好きではなくても少し好きなことを見つけたり、「それでもいいか」と思いなおせる力を育てていきたいものです。そのためには、実際の経験から本人が好きと思えることをたくさん広げていくこと、ねばり強くやりとりをしながら相手を信頼してやってみたら良かったといった経験をすること、などが必要になってきます。

　生活面では「自分でできた」という自信につなげ、苦手なことについても、本人に納得のいくやり方で説得する手段の工夫が必要です。自分で決める力を育てる、友だちのなかであそびや生活の幅を広げるという、この時期の発達段階の子どもに共通する発達の課題を踏まえていきたいものです。

4．保育所での事例から

保育所では、自閉症の子どもと健常児が共有できるあそびの工夫が必要です。見てわかりやすく共感もしやすい遊び、一律の到達を求めるのではなくともに関わりあいを楽しめるあそび、そんなあそびを子ども集団で展開することが求められます。こういった工夫は、自閉症の子どもの一番好きなことをよく知り、まわりの子どもたちにとっても楽しいことを探っていくことから生まれてきます。

　A君は、療育教室での１年間の療育を経て、保育所で３歳児から３年間の保育を受けました。自閉症で全般的な発達のおくれも大きく、３年間を通じて話しことばはないものの１歳半の発達の節に挑戦しつづけました。１対１の加配保育士をつけて複数で保育する体制をつくってきました。３年目には、生活面では見通しをもって自分の力でできることが増え、行事などの全体的な活動においても友だちの力を借りながら参加することがずいぶん増えてくるようになりました。また、友だちがいなくなったあとで「ぼくもできる」と運動あそびに挑戦する姿や保育者に「みてみて」とアピールする姿も見られるようになりました。

　保育所では、あたりまえの生活を毎日ていねいに積み重ねる、散歩や身体を使ってあそぶことを大切にして毎日快く疲れる、自分たちで栽培したとれたての食材でのクッキングや給食などで食事への能動的な関わりと意欲を育てる、子どもたちが自分で見通しをもって生活できるように１週間の予定を一緒につくっていく、毎日の朝の活動として音楽に合わせて身体を動かすことを位置づける、食事とあそびの場を分離する、などのさまざまな「どの子どもにも大切な保育の工夫」がされていました。その上でA君に対しては、３年間の見通しで、次のような取り組みをしてきました。

①大好きな身体を使ったあそびを工夫する（ぶらんこ、滑り台、ジャングルジム、鉄棒、トランポリン、タイヤブランコなど）。

②「この人と一緒にしたい」という好きな先生を増やす（クラスが変わるとき、持ち上がりの先生を位置づけながら担任を代えていく）。
③紙やぶりなどは好きな活動として保育のなかにも位置づけて、本児の出番として認められるように関わる。しかし、好きだからといって、みんなの大切なものまで破るのはだめ、としっかり伝える。
④身辺自立の活動では細かいステップをていねいに踏んで無理なく自立を促す（例えば、トイレで立って排泄するまでの段階を「シャワーをかけて排泄する・シャワーを見せる・お父さんのモデルを見せる・そばで友だちの姿を見せる」など、毎日の繰り返しのなかで本人が受け入れやすい活動を用意して、目で見てわかりやすい生活をつくる）。
⑤A君を理解して受け入れる仲間づくりをすすめる（4歳のときに友だちへのかみつきが出た。お母さんや子どもたちと一緒に、A君がかみつくときはどういう気持ちなのか、どうしたらいいのかを考えあった）。
⑥子どもどうしで身体を使って一緒にあそべる関わり方を工夫する（なべなべそこぬけ、一本橋こちょこちょ、引っ張りっこしてあそぶ、朝のあいさつには「ハイタッチ」、おしくらまんじゅうなど）。
⑦毎日の生活に、目で見てわかりやすい、本人の出番をつくる（3年目に「牛乳パック洗い当番」として、みんなに認められる）。

　これらはどれも特別なことではなく、あたりまえの保育をよりていねいに積み上げてきた成果がしっかり実っていったと思われます。保育所全体では、1歳半の発達の節に挑戦してゆく3年として保育の見通しをもって取り組み、保育者が焦ることなくA君を受け止め、お母さんや子どもたちの力も借りながら集団的に保育していったことに大きな意味があったと思われます。

（松原巨子）

参考文献

白石恵理子・松原巨子・大津の障害児保育研究会編著『障害児の発達と保育』クリエイツかもがわ、2001

高阪正枝『イケイケ、パニッカー　自閉症の子育てマンガ＆エッセイ』クリエイツかもがわ、2003

【学習課題】
1．それぞれの発達段階ごとの自閉症の特徴をまとめてみよう。
2．自閉症の子どもへの保育や療育の実践事例を読んで、次のことを考えてみよう。
　①子どもの好きなあそびをどのように豊かにしていったのか。
　②保育者は、子どもの「問題と思われる行動」をどう理解したか。
　③集団全体での活動を一緒に楽しめるよう、どう工夫したか。

Ⅳ 視覚障害

1．視覚障害とは

　視覚障害は、盲と弱視とに分けられます。盲とは、全く見えない状態や光の明暗程度は見えるけれども、主として触覚や聴覚を通して生活している状態をいいます。弱視とは、眼鏡などで矯正しても視力の弱い状態で、日常生活で見ることの不自由さがある状態を言います。最近は、眼科医療でロービジョンという用語も使われるようになりました。

　人の眼は、身体の中ではとても小さい器官ですが、複雑なしくみをしています。また、生まれたときから、成人と同じ視覚をもっているのではなくて、見る経験をたくさんすることによって成長・発達するものです。見るためのしくみには、光を感じること（明暗順応）、色を見分けること（色覚）、ピントを合わせること（屈折・調節）、物の形を見分けること（視力）、広い範囲を同時に見ること（視野）、奥行きがわかること（立体視）、見たい方に眼を動かすこと（眼球運動）などがあります。これらの見るしくみ（視機能）が、協力しあうことでまわりの環境から大事な情報を得ているのです。ですから、目の不自由さと言っても、一人ひとり違っています。

(1) 見るしくみ

ものを見る目のしくみは、**図**に示すような構造をしている眼と脳（大脳の視覚野）が視神経で結ばれることで成立しています。眼の大きさは、生まれたばかりの赤ちゃんで直径が16mmくらいですが、成人になる頃には24mmに成長します。

　目はカメラとよく似たしくみをしています。明るいところでも暗いところでも見えるように、目に入る光の量は瞳孔の大きさで調節します。さらに、明るいところでは眩しくないように（明順応）、暗いところでも見えるように（暗順応）、網膜の細胞が光の感じ方を変えてくれます。光を感じる細胞は2種類あって、錐体という細胞は、網膜の中心部にたくさんあって、明るいところで色や形を見わける働きをしています。杆体という細胞は、網膜の周辺部にあって、暗いところのわずかな光でも敏感に感じることができますが、色を見分ける力はありません。

　網膜に物の形を鮮明に映し出すには、遠いところでも近いところでも

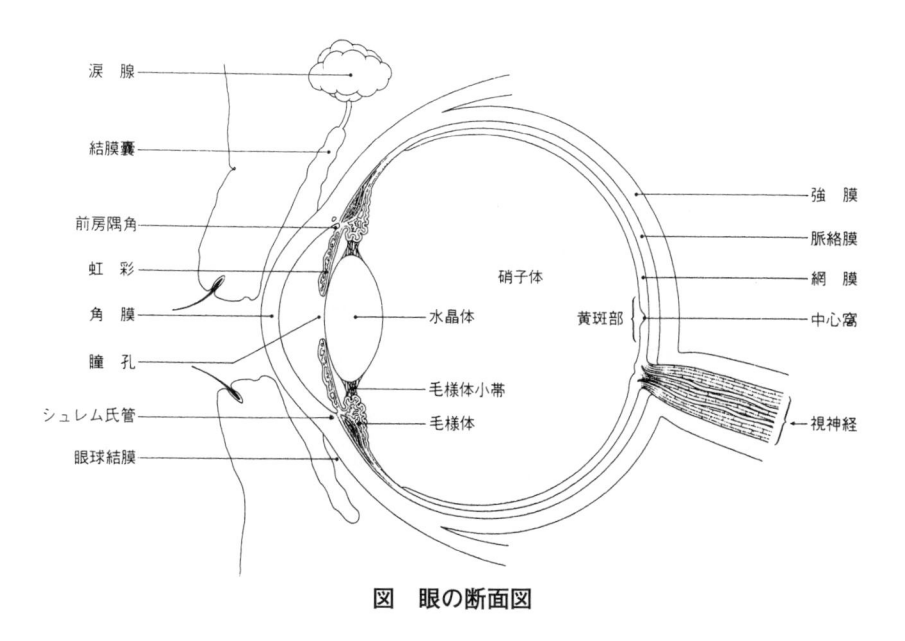

図　眼の断面図

ピントを瞬時に合わせる必要があります。ピント合わせがうまくいかない屈折の状態には、近視、遠視、乱視の三つがあります。近視とは、網膜の手前で焦点を結んでしまうので、遠くを見るとぼけてしまいます。遠視とは、網膜の後ろで焦点を結ぶので、遠くても近くても水晶体がピント合わせをしなくてはいけない状態です。ですから、遠視の子どもでは、近くのものをじっと見続けることが苦手の場合が多いのです。乱視は、焦点を結びにくいので、ものが二重三重にだぶって見えます。これらは、眼鏡などで矯正することができますが、近視などの強い場合は、視力の発達が阻害されることがあります。また、水晶体の厚さを変える（調節）ことでピント合わせをしますので、白内障という水晶体が白濁する病気がある場合は、水晶体を摘出し、代わりとなるコンタクトレンズなどを使う必要があります。最近では、人工水晶体が実用化されてきています。

　視野の働きは、健常な人には意識されないものですが、視覚障害児の多くは、視野が狭いことによる不自由さをもっています。例えば、テレホンカードの穴を通して見るような狭い視野になると、自分の足元が見えないので、歩くのがとても困難になります。交差点では、横から来る車が見えないのでいつ横断していいか困ってしまいます。黒板の文字をノートに写すのに、行の最初と最後が一緒に見えないので、1行抜かしてしまうことがあります。このように、視力に障害がなくても視野に障害があるとさまざまな不自由さが生じることを忘れないでください。

　人には二つの眼がありますが、物が二つに見えることはありません。これは、脳で二つの眼から入ってきた情報をひとつにする両眼視というしくみがあるからです。眼には、視神経といって眼と脳を結ぶ神経の出口があります。片方の目を閉じてみると、盲点という直径10度くらいの見えないところがあることがわかります。両眼視することで、この盲点

の部分を補いあっているのです。さらに、奥行き感を創り出しているので、針に糸を通すことが難なくできます。

　私たちは、ふだん眼の動きを意識することがありません。これは、眼が見ているのではなく、脳が認識した情報をまとめているからです。実際には、眼は1秒間に3〜4回動いています。声を出して本を読むときには、読んでいるところよりも先に視線を移動しています。眼球運動には、追視するようなスムーズな運動と、サカディクといって跳躍するような早い視線移動の二つの運動が組み合わさっています。こうした眼の動きは、視力や視野の機能に依存しているので、視覚障害児は読書や観察に不自由さが生じやすいのです。

（2）目の病気と障害

　視覚特別支援学校（盲学校）児童生徒の主な眼疾患には、視神経萎縮、未熟児網膜症、網膜色素変性症、先天性白内障、先天性緑内障、小眼球などがあります。

　視神経萎縮は、さまざまな疾病や事故などが原因となって、眼と脳を結ぶ視神経の働きが低下したり、機能しなくなったりします。そのため、視力だけでなく、視野の障害の程度を確認することが大切です。

　未熟児網膜症は、1980年頃は出生体重が1500グラムほどで発症する例がありましたが、現在では1000グラム未満で重症例が見られます。視覚特別支援学校（盲学校）の小学部では、未熟児網膜症の割合が約30％と近年急増しています。治療の進歩で視力を全く失うケースは減少していますが、重複障害を併せもつ割合が増えています。その背景には、出生体重1000グラム未満の超低出生体重児の救命率が高まったことが指摘されています。また、低出生体重児の予後については、視覚障害だけでなくさまざまな後障害の発生が高いという報告もあり、今後の動向には注

目しています。こうした出生前診断を含めた医療の進歩やそれに関わる生命倫理に関する問題にも関心をもってもらいたいと思います。

　網膜色素変性症の症状は、夜盲と視野狭窄（視野が中心部だけになる）であり、学童期から青年期にかけて緩やかに進行するタイプが多くみられます。網膜の機能が次第に低下していきますが、その予後については個人差が見られます。現在の医療では治療が困難なため難病指定を受けています。主症状の夜盲は比較的初期から現れますが、幼稚園頃までは親も気づかないことがあります。視野は、中心部の直径が10度程度まで狭くなるケースが見られます。この病気では、視力や視野の状態によって教育的な対応を変える必要があります。拡大読書器や弱視レンズを用いた文字の拡大や白黒反転の提示方法などを取り入れて、最も見やすい文字環境をサポートする必要があります。また、歩行における安全性を高めるために、早期から夜間は白状歩行を行うなどの工夫が必要です。まぶしさを訴えるケースには、紫外線防止の遮光レンズを装用することも大切です。

　先天性白内障は、水晶体を摘出してコンタクトレンズや眼鏡で屈折の補正をします。視力の発達には個人差がみられます。また、視野には障害が見られないことが多い病気です。しかし、ピント合わせが自動的にできないので、遠いところと近いところに合わせた弱視レンズを有効に活用すると良いでしょう。視力が低い場合には、眼振といって、眼が左右に規則的に動き続ける症状を伴うことがあります。

　先天性緑内障（牛眼）は、眼の中の圧力（眼圧）が高くなって網膜の細胞や神経が働かなくなる病気です。視力だけでなく視野の障害が現れます。また、高い眼圧のため、網膜剥離が起こりやすいので、運動や学習において外力が加わらないような配慮が必要になります。また、乳幼児期に義眼の装用が必要になった場合は、成長に合わせて義眼の大きさ

を適宜交換することが大切です。

　小眼球や強度近視では、網膜剥離が起こりやすいので、定期的な眼科検診に加えて、運動や学習面での配慮が必要になります。

　以上、主な症状と教育的な配慮についてお話ししましたが、視覚管理についてまとめると次のようになります。

①進行性の疾患に対しては、定期的に眼科検査を行い、視力・視野などの視機能を確認し、教育的な対応方法について検討する。また、心理面でのケアについても大切に行う。

②拡大読書器、弱視レンズ、遮光レンズなどの補助具を積極的に活用する。

③家庭と学校や園で不自由さについて十分に話し合い、良い支援の方法を検討したり、情報交換を大切にする。

（3）重複障害

　さて、未熟児網膜症のところで重複障害を併せもつ児童生徒の割合が増えていることをお話ししました。2010年の視覚特別支援学校（盲学校）児童生徒の調査では、重複障害を併せ持っている割合は、幼稚部で59.1％、小学部で60.9％、中学部で50.6％、高等部では30.4％となっていて、幼稚部から中学部までの義務教育年齢の児童生徒の半数が重複障害児という結果でした。

　重複している障害は、知的障害が82.1％と最も多く、肢体不自由が5.4％、聴覚・言語障害が2.2％、その他が10.3％となっていました。また、重複障害児の中で、三つ以上の障害を併せもつ（例：視覚障害と知的障害と肢体不自由）割合は、1980年の33.9％から2010年には42.7％と増えてきています。視覚障害の程度も重度化してきていて、視力0.02未満の割合は、児童生徒全体では35.4％ですが、重複障害児では47.3％と

高くなっています。さらに視力不明17.8％を含めると65％を超えます。

　こうした重複障害児では、ことばの獲得やコミュニケーションの形成が課題になっています。この調査でも、重複障害児の42.9％について、文字指導が困難であるという実態が回答されています。

　ここまでは、視覚特別支援学校（盲学校）の重複障害について述べてきましたが、特別支援学校や特別支援学級でも障害の重複化や多様化が報告されています。そこで、発達のおくれや聴覚障害を併せもつ視覚障害児について、日常生活や学校生活で注意していただきたい点についてとりあげてみます。

①**発達のおくれのある子ども**

　乳幼児期の健診で発達のおくれを指摘された場合、眼科検査を受けてみてください。特にダウン症のお子さんには近視や遠視の割合が高いので、乳幼児期から眼鏡などで屈折補正をすることが必要になります。また、知的障害のある児童生徒では、近視や遠視なのに眼鏡を装用していない事例によく出会います。顔を傾けたり眼を細めたりする仕草や少し離れた物に興味を示さなくなったりしたら要注意です。視力検査が難しい子どもでも、近視や遠視の有無や程度を確かめる屈折検査は、ほとんどの子どもで実施可能です。また、ランドルト環（一般の視力検査に用いられる、上下左右いずれかに切れ目のある環状の指標）を用いた視力検査の他に、縞模様を用いた視力検査（テーラー・アキュイティ・カード：TAC）や子どもが好きなキャラクターを用いた視力検査などを利用して、できる限り子どもの見え方や視機能を確かめることが大切です。

　視覚は脳で情報処理が行われていますので、障害の重い子どもでは、さまざまな視覚刺激に一定の反応が返ってこないことがあります。瞬きや眼の動きが少なくて、何が見えているかわかりにくい子どももいます。こうした場合は、暗い部屋でいろいろな明るさや色の光をつけた

り、ブランコやシーソーで身体を揺らしてみたりして、積極的に視反応を引き出す指導を取り入れてください。

②**盲ろう**

目の不自由さと聞こえの不自由さを併せもっていることを「盲ろう」といいます。しかし、コミュニケーションの方法からは、さらに「全盲ろう」「弱視ろう」「盲難聴」「弱視難聴」の四つに分けて対応することが必要になります。こうした分類は、見ることと聞くことに制約がある状態で、その子にとって有効なコミュニケーションベースが触覚を中心とするのか、視覚と触覚を中心とするのか、聴覚と触覚を中心とするのかを考える基本になります。

盲ろうの障害原因にアッシャー症候群という聴覚障害と網膜色素変性症が併発する疾患があります。聴覚障害が先行するため、聴覚特別支援学校（聾学校）に入学して視覚ベースのコミュニケーションを獲得しますが、網膜色素変性症の進行によって視野狭窄という見ることの制約が加わってきます。こうしたケースでは、触覚ベースの点字を早期から学習しておく配慮も大切です。

盲ろう児の教育では、コミュニケーションの成立・周囲の情報の獲得・移動の安全性の三つの課題に取り組むことになります。乳幼児期から盲ろうである場合の取り組みについては、専門機関の支援を受けるようにしてください。

2・教育相談と家族支援

（1）視覚特別支援学校（盲学校）での教育相談

視覚障害児の保護者にとって、子どもの障害や療育についての相談相手として視覚特別支援学校（盲学校）は少し敷居が高いかもしれません

が、早期からの教育相談活動を積極的に行うようになってきています。

　視覚特別支援学校（盲学校）の教育相談では、視覚障害をもつ乳幼児と保護者、幼稚園・保育所・障害児専門施設の職員、眼科医・視能訓練士・眼鏡士・看護師などの医療関係者、視覚障害リハビリテーション施設の指導員、視覚障害補助具などの福祉機器担当者、教員とＰＴＡ役員等の視覚障害児の療育に関係するさまざまな専門職が参加して、問題解決を図ることが大切です。教員にとっても、医学的な質問や眼鏡・弱視レンズなどの補助具の有効性や価格、入手方法などについて、それぞれの専門職から助言を得られることは有益です。また、補助具は実際にその場で使用してみることで、本人・保護者のニーズに応えることができます。さらに、視覚障害児の子育てについて、先輩である保護者が相談にのれるようにすることは、親支援としてとても大切なことです。本人・保護者がいくつもの専門機関を巡るのではなく、専門職がチームを組み、相談の場で情報を交換しあってニーズに応えるという教育相談の場を視覚特別支援学校（盲学校）が創っていくことが必要ではないでしょうか。

（2）視覚障害児の育児

　子どもの目が不自由であることを告げられた時の落胆や失意は、はかりしれないものです。多くの病院をめぐっても治療できないことがわかると、育児の意欲をなくしてしまうお母さんもいるかもしれません。反対に、目が不自由であると何もできないという思いから、何から何までやってあげてしまうかもしれません。しかし、そうしたことは子どもの発達する力を否定してしまうことになりかねません。

　目の不自由な子どもが健やかに成長するための基盤となる家庭や家族の役割、お母さんやお父さんの育児態度はどうあったらよいのでしょ

か。目の不自由な子どもは見て模倣することができません。見て模倣する動作を身につけるには２倍３倍の時間や手間を必要とします。だからといって、すべてお母さんがやっていたら、お父さんやきょうだいに目を向けることができなくなってしまいます。障害をもつ子どもを家族として迎えるには、家族のなかで次のような約束をして、協力し合う家族をつくりあげていくことが大切です。

　①子どもの前で「この子の目が見えたらなあ」とか「見えなくてかわいそうに」と言わない。
　②他のきょうだいと差別的な扱いをしない。
　③家族のうちの他の誰も犠牲にならない。
　④周囲の人に子どものことを堂々と話す。
　⑤あまり将来のことばかりに目を向けない。

　子どもの成長、発達には、親の育児態度が影響することは言うまでもありません。目が不自由だからといって特別扱いをせず、目の見える子どもと同じように立派に社会に送り出そうと決意をすることが、障害の受容と同時に大切な子どもとしての育児をスタートすることにつながるのです。

3．保育所・幼稚園での支援

　視覚障害幼児の統合保育は、盲児・弱視児ともに一般的なものになりつつあります。盲児の場合は、音を聞いたり、手や足で触れたりして自分のいる場所を確かめられるような工夫をする必要があります。それぞれの場所に、鈴をつけたりマットを置くなどしてみてください。毎日の繰り返しのなかで、玄関・保育室・トイレ・運動場などの活動場所の位置関係を身につけていき、メンタルマップという頭のなかの地図づくり

が進んでいきます。ですから、最初は目を離さないで、危険のある場面ではしっかり声かけをしてあげてください。

弱視児の場合は、その子どもの視機能や見え方について、保護者から詳しく説明を受けてください。視機能によって弱視児の「見えにくさ」は本当にさまざまですので、専門の施設などからシミュレーションの道具を借りて研修することをお薦めします。一般的な対応方法としては、次の四点があります。①細かいものが見えにくい場合は眼を近づけたり拡大して見せる、②まぶしい場合は図と地の白黒を反転して見せる、③白と黒のような対比（コントラスト）をして見やすくする、④視野の中心部が見えにくい場合は視野の周辺部を活用する。

弱視児は色のついた遮光眼鏡を装用している場合もありますので、周囲の子どもたちに、弱視児の大切な道具として紹介してあげてください。

(池谷尚剛)

参考文献

五十嵐信敬『目の不自由な子の育児百科』コレール社、1992
五十嵐信敬『視覚障害幼児の発達と指導』コレール社、1993
池谷尚剛『障害を知る本⑥　目の不自由な子どもたち』大月書店、1998
高橋広『ロービジョンケアの実際』医学書院、2002
青柳まゆみ・鳥山由子『視覚障害教育入門』ジアース教育新社、2012

学習課題

1．視機能（視力、視野、立体視、色覚など）の低下によってどのような見え方になり、どのような不自由さが生じるか考えてみよう。
2．「見えないこと」「見えにくいこと」が子どもの発達に及ぼす影響について考えてみよう。

Ⅴ　聴覚障害

　聴覚は、眠っている間も外界に向かって開かれている感覚として危機察知のために人類という種に備わってきた感覚です。その他に、廊下を歩いてくる足音や後方からの語りかけなどの情報で生活空間を認知したり、音楽や鳥のさえずり、小川のせせらぎで心を潤したり、音声を通して意思や感情を伝えあったり、音声言語を習得し知識を得たりする重要な役割があります。聴覚に障害を受けると、これから成長する乳幼児にとっては大きなハンディとなります。
　ここでは、保護者や医療・療育の現場の方々と連携しながら、聞こえない・聞こえにくいという器質的・機能的障害に起因する困難やコミュニケーション障害・情報障害を最小限に抑え、発達障害を招かない保育のあり方を考えていきたいと思います。

1．聴覚の発達

　乳幼児期において聴覚は、次のように発達していきます。
　胎児は子宮のなかで母親の心音や母体を通して伝わってくる音や声を聞いて育っています。生後間もない出生児はモロー反射といって、突然の音にビクッとしたり瞬きをしたり泣き出したりします。3ヵ月を過ぎると徐々に原始反射は減少し、音のする方に顔を向けたり、人の声に反応したりするようになります。4ヵ月頃には母親の声や、不意の音や聞

きなれない音、珍しい音にはっきりと顔を向け、母親が話しかけると笑ったりさかんに声を出したりします。6ヵ月を過ぎると音への反応がはっきりしてきて、音が聞こえたり名前を呼ばれたりすると、その方向を振り向くようになります。9ヵ月を過ぎるとまわりの人たちの話しかけをさかんに模倣するようになり、発音の一部は日本語音に近づいてきます。歌や音楽に合わせて体を動かして喜ぶようになります。1歳頃にはことばの理解力がついて指さしで答えるようになります。また「ブーブー」「ワンワン」「マンマ」などの有意味語を言うようになります。

物の名前が理解できるようになると、後ろからささやき声で名前を呼んで振り向く反応を見たり、口元を隠してささやき声で物の名前を言って、指さしをさせたりして、聞こえのチェックが可能になります。ささやき声に確実に反応できれば、聴力は実用上問題ないと考えられます。

2．聴覚障害の状態を表すことば

聴覚障害はいくつかの観点から分類されます。分類に基づいて個々の子どもの聴覚障害の状態を把握することにより、保育活動を行う上で重要な情報が得られます。次の3つの点から見ましょう。

①**障害部位による分類（図）**

伝音性難聴は、外耳から中耳にかけて音の振動を伝えていく伝音機能に障害がある難聴で、耳垢栓塞、外耳道狭窄・閉鎖、中耳炎や外傷で鼓膜に穴があいた鼓膜穿孔、中耳と咽喉をつなぐ耳管が詰まったり狭まったりしている耳管狭窄、中耳にある耳小骨が音を適切に増幅できない耳小骨連鎖異常、中耳に液体がたまる滲出性中耳炎などを原因として、音声の振動が正常に内耳まで伝わっていない状態です。滲出性中耳炎は痛みを伴わないため、乳幼児の場合は見過ごされ、ことばのおくれをもた

らす場合があります。伝音性難聴における聴力レベルは70dB（デシベル）までで、治療により聴力の回復を図ることが可能な場合も多く、補聴器による効果は比較的良好です。

感音性難聴は、内耳に伝わった音の振動波がそこで電気的信号に変換され、大脳の第一次聴覚野に伝わるまでの感音機能に障害がある難聴で、原因や症状も複雑です。感音性難聴の主なものは、遺伝性難聴や先天性風疹症候群、おたふく風邪、麻疹、髄膜炎等によるもの、薬物（ストレプトマイシンなど）の副作用によるもの、内耳疾患（突発性難聴、メニエール病など）によるもの、音響外傷による騒音性難聴、加齢による老人性難聴などがあります。聴力レベルは後に示すように軽度から最重度までさまざまです。聴力型もさまざまです。個人差はありますが、音声の聞こえの明瞭度は落ち、補聴器を装用しても聞き分けには適切な支援と努力が必要です。

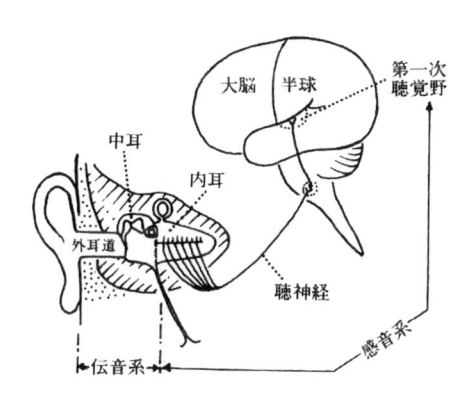

図　聴覚系の臨床解剖学的区分

混合性難聴は、伝音難聴と感音難聴が合併したものです。

②**聞こえにくさの程度による分類**

聞こえにくさの程度による分類は日本では各種ありますが、最近はWHO（世界保健機関）による聴力障害程度の分類（**表**）がよく使われています。

③**障害が始まった時期による分類**

出生時に障害がある場合を先天性難聴といい、遺伝性（家族性）、胎生期（妊娠中）、周生期（出産時）に分けられます。生後、聴覚障害に

なった場合を後天性難聴といい、言語獲得以前と以後に分けられます。受障時期は言語発達や発音の明瞭さに影響を及ぼします。言語獲得以降に障害が発生した場合、突然聴覚からの情報が得にくくなるため、心理面に影響を受けます。

表　WHOによる聴力障害程度の分類

	聴力レベル	補聴器を装用していないときの聞こえの目安
正　常	25dBHL以下	ほとんど不自由はない。
軽　度	26～40dBHL以下	聞き取りが少し困難になり遠くの声などが聞こえにくくなる。
中　度	41～55dBHL以下	普通の会話の聞き取りが困難になる。
準重度	56～70dBHL以下	普通の会話は聞き取れない。大きな声なら聞き取れる。
重　度	71～90dBHL以下	耳元の大声ならなんとか聞き取れる。
最重度	90dBHL以上	ほとんどわからない。

3．難聴の発見

　新生児の聴覚スクリーニング方法が開発され、1998年には厚生省（現厚生労働省）厚生科学研究として「新生児の効果的な聴覚スクリーニング方法と療育体制に関する研究」班が発足し、新生児全員にスクリーニング検査を実施する動きが始まっています。産婦人科で自動聴性脳幹反応検査（AABR）などが行われ、要精密検査となった乳児は5～6ヵ月ころまでに専門医療機関で聴性脳幹反応検査（ABR）などによる確定診断を受けます。そこで聴覚障害が発見されると、障害の説明やカウンセリングを受けます。

　しかし新生児がすべて聴覚スクリーニングを受けているわけではありません。また新生児聴覚スクリーニングを通過しても、その後に病気などで難聴になることがあります。母子手帳のアンケートには聞こえとことばに関する項目があり、母子保健法により、1歳6ヵ月児健診のアン

ケートと3歳児健診の聴覚に関する健診が定められています。しかし重度難聴の場合は3歳を待つまでもなく、保護者や保育士や子育ての経験のある近親者によって聞こえの異常やことばのおくれに気づくことが多くあります。

ところが残念なことに、ことばのおくれがある場合でも大きな音に反応があると耳は聞こえていると判断され、「そのうちにことばが出てくる」と済まされることがあります。しかし、難聴の発見がおくれると言語習得に重大な影響が出ますので、ことばのおくれの原因を確定し、早期に対策や支援体制が取れるように、乳幼児の聴力検査に熟練した専門医や言語聴覚士のいる病院などで検査を受けるよう促してほしいと思います。

そこではABR以外に、乳幼児の月齢や発達の状況に即して、調整行動反応検査（BOA）や条件詮索反応聴力検査（COR）などの幼児聴力検査を実施します。2歳半を過ぎると、ヘッドホンから音が聞こえたときに幼児が玩具を動かすボタンを押したり、ビー玉やおはじきを移動したりすることによって測定する遊戯聴力検査が可能になります。この検査は成人の検査に近い精度が期待できます。聴力検査の結果は聴力図（オージオグラム）に記入されます。

4．聴覚補償

（1）聴覚補償と補聴器

聴覚を効率よく活用するために、個々の聴力に合わせて補聴器の選定・調整を行います。

乳幼児の場合は本人からの聞こえに対する感想が不明確なため、日常場面での音や声に対する反応を見ながら補聴器調整を繰り返し行います。この際、保育士の聞こえに対する観察が大いに役に立ちますので、

次の点を参考にして保護者に伝えてください。

①騒がしくないところでの通常の話しかけに対して、振り向いたり、答えたり、じっと聞いていたりするようすが見られない場合は、補聴器の利得（増幅する程度）が足りない場合があります。

②大きい音をうるさがったり、耳に手をやり補聴器を取ろうとするなど補聴器を嫌がったりする場合は、補聴器からの音が大きすぎることがあります。その音がどんな音かという情報も調整に役立ちます。

③話しかけに対する反応が平素より低下している場合は、聴力低下もしくは補聴器のトラブルを考えます。新しい電池に換えても補聴器から通常の音が出ていない場合、故障か結露によるチューブのつまりの可能性があります。保育途中で電池切れになることがありますので、予備の電池を預かっておくことも必要です。補聴器が正常でなおかつ音への反応が低下している場合は、難聴が進んだ可能性がありますので、専門医の受診を勧めてください。

（2）人工内耳

　人工内耳は、補聴器の装用効果が得られない高度感音性難聴者を対象として開発された医療機器です。人工内耳の基本となる原理は、手術によって埋め込まれた電極に電流を流し、内耳の聴神経を電気的に刺激することによって、脳の聴覚中枢で音あるいはことばの感覚を得させようとするものです。術後のリハビリが必須で、本人の聞こうとする意欲と周囲の支援態勢が欠かせません。人工内耳のマッピング（どの音をどの程度聞かせるか）は言語聴覚士により行われますが、マッピングにおいても生活場面での聞こえに対する保育士の目が役に立ちます。

　人工内耳に関する情報は次のものが有用です。

人工内耳友の会（ACITA）http://www.normanet.ne.jp/~acita/

5．難聴幼児の療育・保育

　聴覚障害が発見されると、一般的には補聴器による装用指導が開始され、聴覚補償が図られます。併行して保護者は、聴覚特別支援学校（ろう学校）乳幼児教室や児童発達支援センター（難聴対象）などの療育機関を紹介され、そこで言語聴覚士や教員・指導員から難聴児の子育ての仕方、特に子どもとのコミュニケーションについて支援を受けます。保育士は保護者からその内容を具体的に学ぶとともに、まず専門機関の担当者と連携をとり、コミュニケーション方法や機器に関わる留意点などを理解することに努めます。一度、療育担当者と話し合う機会をもっておくと、保育場面で困ったときもすぐ相談できます。また、療育機関が主催する学習会などにできるだけ参加して、定期的に情報交換できる関係をもちましょう。

　保護者のなかには、わが子の障害を受け止めきれない方や、わかっていても適切な関わり方が難しい方もおられます。このような保護者も子どもの育ちを実感できると徐々に子どもに正面から向き合えるようになります。保育士は、一緒に子育てする仲間として、子どもの成長する姿を伝え、悩みを聞き、日々支えてあげてください。

　次に保育で取り組んでいただきたい乳児期からの療育について、「コミュニケーション」「聞こえ」「ことば」を中心に説明します。

（1）コミュニケーションの指導

　難聴乳幼児（以下、乳幼児）から発せられるコミュニケーションの信号は、泣き声・笑い声・視線・表情など、はっきりしたものではありません。ですから、乳幼児の視線や表情などの小さな変化も見逃さない

で、心の動きを受け止め、こちらの気持ちを表情や身振り・仕草を伴ったことばで確実に伝え返すなど、関わる親や保育士（以下、保育者）がコミュニケーションを成立させる努力が必要です。オムツ換え、授乳などの生活を通して乳幼児を快くさせ幸福感を与えるような相手になること、子どもの視線の先にあるものを見つけ、興味や関心を共有すること、あそびを通じて乳幼児がしたいことを認めて一緒に付き合うことなど、親密な共通の体験の積み重ねが、愛着関係を育て豊かな共感的コミュニケーションを生み出します。

　だっこしてあやす保育者の声は、乳児の耳（補聴器）までの距離が近いため難聴児に届いています。話しかけるときは、目を合わせ、目で語り合うつもりで届く声で話しかけることが大切です。具体的なものや場面などを用いて類推できるようにしたり、指さしや表情や身振りや行動などで示すことも効果的です。子どもの行動・表情や動きを取り入れて、「そうだね」という共感を示しながら一緒にするとわかりやすいです。わかりやすい伝え方は、子どもの模倣を誘い出し、子どもが発信するときに使えるようになります。

（2）聞こえの指導

　聞こえに関しては、指定された状態で補聴器や人工内耳を使い、聞こえの反応を確かめることから始めます。コミュニケーションを土台に乳幼児の聞こえを育てていきます。騒がしくない環境がまず大切です。補聴器や人工内耳の場合、反響音やまわりの騒音も増幅してしまいますので、伝えたい音や声がマスキングされてきちんと伝わりません。騒がしくないなかで音のON・OFFに気づかせることから始めます。そして体験を通して音や声には意味があることを知らせるのです。ガラガラなど音の出るおもちゃを持たせて遊んだり、バケツに水を入れるとき、水を

出すところを見せながら「ジャーと聞こえた」、止めて「聞こえない」と声かけをしたりします。日常のいろいろな生活音を聞くこと、それがどこから聞こえてくるかをわかること、そのような経験を増やしながら一緒に音源探しをすることも楽しいあそびになります。

　重度難聴の場合は、補聴器を着けていても聞こえだけできちんとことばが伝わっているわけではありません。そのため、語りかける人は目と耳で聞いてもらえる状況をつくって語りかけていくことが必要です。すると乳幼児は、保育者の口の動きと聞こえとが結びついていることを知り、話し声が聞こえたときにはまず相手の方を見る態度が身につくでしょう。騒がしいところや一斉指導で、難聴児に伝わっていないように感じたら、大声で繰り返すよりは、難聴児のそばに行って子どもと同じ高さで視線を合わせながら、伝わる速さで話しかけてください。

(3) ことばの指導

　ことばの指導は、コミュニケーションや聞こえが土台になります。子どもから発信された未熟な発音や表現を受け止め、拡充模倣してことばのモデルを示していくことも大事です。(乳幼児)「ダーダー」(保育者)「ジャージャー、お水、ちょうだい？」㊤「ダー、ダー、オーアイ（ちょうだい）」㊙「はい、ジャージャー、お水、どうぞ」㊤「アートー（ありがとう）」など、その時々の乳幼児のことばのレベルに合わせてことばのモデルを示して語りかけていくことです。(乳幼児)「ヤー、ヤー」(保育者)「いや、いや、怖いの？　だいじょうぶ。虫さん、いい子してるよ。葉っぱ、あげる？」と共感的行動と共に乳幼児の気持ちを開いていく語りかけも大事です。日々の生活で感じたことに共感し、理解し、ことばを交わすという状況のなかで、難聴乳幼児たちはことばを取り込み、子ども自身でことばを育てていきます。

ろう者のアイデンティティや自己実現、ろう者の文化を尊重すべきだという考え方に立ち、聴覚障害者にとっての母語は手話であり、自分の気持ちを一番よく表現でき、漏れなく伝え合うことができるものだから、乳幼児期から手話で育てようという取り組みも進んでいきます。そこでは、①生活のなかで身につけていくこと、②聴覚・手話・指文字を結合させていくこと、③一人ひとりにあった指導法とコミュニケーションを選択することが柱にされています。

難聴乳幼児たちは、自分にとってわかりやすい得意なコミュニケーション、自然なコミュニケーションをどんどん取り込んでいきます。必要としたときに、いろいろな方法にスイッチが入れられるように子どもを育てていくことが重要です。

（4）保育の場での関わり方

難聴児は、視覚的に敏感に情報を取り込み行動します。だから、思っていた以上にスムーズに難聴児が集団に参加していると保育士の目に映るでしょう。しかし、他児の模倣をしているだけで、目的や内容まで理解しているとは言えない場合が多いのです。散歩に行くとき、「背の順番に並ぼう」と言われたことばがわからなくても、まわりの子どもたちのようすを見たり、引っぱって行かれたりして背の順に並んでいる場合があります。並べてみてくらべながら「背の順番に並んだね。ケンちゃん、アキちゃん、ノブちゃんの順番ね」と身近でほめてあげてください。できる（見てまねること）だけでなく、ことばをわかってできることが大切です。生活のなかで経験していることをことばに直して、きちんと伝えてあげてください。

アキちゃんが使っている玩具を難聴児のケン君が取り上げて向こうであそんでいる場合、泣いているアキちゃんの姿に気づかないことがあり

ます。そんなとき、保育士はケン君をアキちゃんのそばへ連れて行って「アキちゃんが泣いているよ。ケン君がおもちゃを取ったからだよ」と、具体物や動作を交えて再現したり略画を描くなど、アキちゃんの気持ちをケン君に伝わるように示し、ケン君本人に自分がしたことの結果をわからせてあげてください。その次に「返す」「一緒にあそぶ」「ごめんねと謝る」など、どう対処するかを一緒に考えながらケン君が自己決定できるようにしてください。このような経験が、難聴児に相手の心をわかろうとする態度を育てることになります。難聴児にとって抽象的な事柄を理解する扉が開かれるのです。

　また、おもちゃを取られて悔しい思いをしている難聴児がいた場合、その悔しさを相手の子どもに伝え、子ども同士の関係をつなぐ役割を保育士は果たしてほしいと思います。「誰ともけんかをせず、ひとりで砂場で遊んでいた、ブランコで遊んでいた、だから問題は起こっていません」という視点で難聴児の保育を捉えないでください。どのように伝えることが相手に伝わるかを考え、難聴児にも他の子どもたちにも関わり合える力を育てていくという取り組みを統合保育の場では大切にしていただきたいと思います。

（加藤登美子）

参考文献

文部省『聴覚障害教育の手引き』海文堂出版、1992

柳生浩『わかりやすい言語指導』湘南出版、1995

日本学校保健会『難聴児童生徒への聞こえの支援』日本学校保健会、2005

【学習課題】

1．聴覚障害児とのコミュニケーションでの配慮をまとめよう。
2．聴覚障害児にことばの力を育てるための留意点を検討しよう。

Ⅵ　運動障害

　保育現場では、運動障害といってもさまざまです。脳性マヒ、二分脊椎、関節拘縮症、筋ジストロフィーなどの子どもたちに出会うことが多いでしょうが、原因がわからない運動障害をもつ子どもさんも多いのが実情です。ここでは、比較的出会うことの多い運動障害である「脳性マヒ」を中心に話を進めます。

1．脳性マヒとは

(1) 脳性マヒの定義

　1968年の厚生省研究班の定義では「脳性マヒとは受胎から新生児期（生後4週間以内）までの間に生じた脳の非進行性病変に基づく、永続的なしかし変化しうる運動および姿勢の異常である。進行性疾患や一過性の運動障害、または将来正常化するであろうと思われる運動発達遅延は除外する」とされています。
　しかし、2004年にアメリカのメリーランド州ベセスダで開かれた脳性マヒの定義と分類に関する国際ワークショップにおいて設定された定義は「脳性マヒは運動と姿勢の発達の永続的な異常であり、その結果活動に制限をきたすようになる。その原因は発達途上の胎児や乳児の脳に生じた非進行性の障害による。脳性マヒの運動障害はしばしば感覚、認知、コミュニケーション、知覚、行動の障害やてんかん、二次的な筋骨

格系の問題を伴う」とされていて、単に運動障害のみではなく、感覚や認知面の障害などが含まれることが取り入れられています。

　脳の病変は進行しないとされていますが、子どもの示す障害像は変化します。

（2）脳性マヒの原因と発生率

　以前は、脳性マヒの三大原因として「未熟児・仮死・黄疸」があげられていました。医療の進歩もあり、現在では胎生期の疾病に起因する早産未熟児のPVL（脳室周囲白質軟化症）、IVH（脳室内出血）、成熟児ではHIE（低酸素性虚血性脳症）やSCL（皮質下白質軟化症）などの診断が早期からつくようになりました。また、周産期医療の発展により、低体重児の死亡率が顕著に減少してきましたが、反面、重篤な神経発達障害を伴いながら生存する障害児が増えています。

　最近は、重い障害を残しながらも生存する子、微細な運動障害をもつ子などが増えていることや、今まで原因のわからなかった子の原因がわかってきたことなどから、脳性マヒの発症率は1000人に約2人と言われています。

（3）脳性マヒの障害の特徴

　脳性マヒというと運動障害のみがイメージされますが、中枢神経系の障害ですので、さまざまな障害を伴っています。

　合併する障害として、てんかん、知的障害、情動の不安定性、視覚・聴覚障害などの感覚障害、呼吸機能障害・摂食機能障害・言語障害などがあります。なかでも呼吸機能・摂食機能などは年齢と共に機能低下を招くことがあります。

①脳性マヒの分類（一般的な分類）

脳性マヒは、マヒの分布と型で一般的に以下のように分類しています（分類の仕方はさまざまあります）。分類は、子どものマヒの特徴をつかみ、必要な援助を理解するための基礎となります。

痙直型 筋緊張が亢進（筋肉が過度に緊張すること）し、他動的に動かそうとすると、その動きに抵抗を示します。子どもの動きは、「かたく動くことが難しい」という感じを受け、特に「運動の開始時に動きにくい」「定型的でゆっくりした動き」「運動範囲が狭い」「動くことに非常な努力を要する」などの特徴をもっています。

痙直型はマヒの分布により、「痙直型四肢マヒ…全身に筋緊張の亢進状態が存在」「痙直型両マヒ…筋緊張の亢進状態が下半身に強く、上半身には比較的軽く存在」「痙直型片マヒ…身体の左右のどちらかにマヒが存在、特に感覚障害の影響を受けやすい」に分類されます。

アテトーゼ型 一般的に「不随意運動」で知られています。不随意運動とは、自分が何かしようと意図して運動を起こそうとしたときに自分の意図とは異なった運動として起こるものです。筋緊張は、過緊張から低緊張まで急激に変化します。そのことにより、「姿勢を安定して保持することが難しい」「運動の段階的なコントロールが難しく突発的な運動を起こす」などの特徴があります。

失調型 体幹や各四肢が協調して運動を行うことが困難です。基本的な筋緊張は低緊張です。一般的には、バランス能力が低いと評価されています。座位や立位など重力に抗した姿勢（抗重力位）で不安定、協調性のある運動を行いにくいなどの特徴があります。「企図振戦…物をつかもうとすると手に"ふるえ"のような振戦が起きる」「測定障害…物をつかもうと手を伸ばしたときに手が届かなかったり、行き過ぎたりする」といった状態を呈する子もいます。

VI 運動障害

マヒの型による特徴

イラスト／ちば かおり

	痙直型四肢マヒ	痙直型両マヒ	痙直型片マヒ(右)	アテトーゼ	弛緩型
座位					
立位					

弛緩型 筋肉や神経系の疾患で病名が明確になっているものは除きます。筋緊張は低く、身体全体がいわゆる「ぐにゃぐにゃ」して、抗重力で姿勢を安定させるのが困難です。「自分から運動を起こすのが困難…運動を起こすだけの筋の緊張がない」「刺激に対しての反応が乏しい」という特徴があります。

混合型 上記した型が混合しているタイプです。さまざまな障害を合併して大変障害の重い「重症心身障害児」と言われる子もいます。

型により、身体の安定のさせ方は異なりますが、身体が安定することにより、緊張が亢進している子は筋緊張がコントロールされて動きやすくなる、アテトーゼ型の子は筋緊張の急激な変化が減少する、低緊張の子は抗重力位姿勢を保持しやすくなるなど、子どもたちは人や外界に働きかけやすい状態になります。

②感覚障害の影響

運動障害は、感覚障害が大きく影響すると言われています。特に自分の姿勢を自覚する感覚、運動練習に必要な感覚である体性感覚の障害は運動障害に大きく影響します。ほかに視覚障害・聴覚障害などがあります。聴覚障害はアテトーゼ型の人に多く見られます。視覚障害は知覚認知の障害などとの関連が大きいとされます。

(4)「機能訓練」の考え方

現在「機能訓練」ということばは使われないようになってきています。それは「訓練」ということばが受け身的な意味をもつことが多いからです。最近は、運動学習、運動練習、リハビリテーションなどに置き換わっています。これらのことばには、子ども自らが「主体的に」という意味が含まれています。

「がんばる・我慢する」ことを強いられる「機能訓練」から、ここ15

年ほどは、子どもたちの生活に即した機能の獲得を目指すように変化してきました。主体者は子どもであり、療育において目指すものは、子どもたちの生活上の困難さを減らし、障害を重くすることなく、社会参加の場・機会を多くして、生きいきと楽しく生活することです。

2．療育・保育において配慮すること

(1) 主体的な子どもに

　脳性マヒの子どもたちは、運動障害があるために、どうしても他人の援助を必要とすることが多く、受け身的な傾向になりがちです。また、機能改善・機能獲得の学習の場でも、大人が先にレールをつくり、それに子どもを乗せるために、子どもたちは叱られたり、脅かされたり、うまくできたらほめられたりと、自分で選択したものではないレールに忠実になりがちです。機能改善・機能獲得で「これをさせたい」という思いはありますが、子ども自身の能動的な活動のなかで運動を学習させていく工夫が必要です。

　私は理学療法士なので、子どもの機能改善や機能獲得を目標として取り組んでいます。「こうなってほしい」という目標をもって設定を考えていますが、自我が芽生えてきた子どもは、こちらの設定には乗ってきてくれませんので、まずは子どもが選んだあそびから始めます。立位で重心の移動を学習させたい子どもに対して、あそびを中断させるのではなく、子ども自らが選んだあそびを使って子どもが重心移動をせざるを得ないように環境を変えていきます。

　座位で背中をしっかり伸ばしたいという目標をもっている子に対して、ボール投げを設定するとします。少し大きめのボールを両手で持ち、両手をしっかり伸ばしてボールを投げるように子どもに伝えます。

発達段階をよく理解した上でゴールなどを設定すると、子どもはもっとやる気になります。子どもの目が輝いているか、飽きずに繰り返そうとしているか、もっと高い課題を要求してくるかを、子どもが主体的になっているのかの目安としています。次回1週間後のリハビリの時間、子どもが「ボールしよう」と言ってくることもあります。最初はこちらが設定したけれど、その子にとって本当に楽しかったのです。子どもは主体的になると学習能力が高まってきます。自ら動くことの少ない子どもたちですので、あそびを選ばせても限られたものになります。多くのあそびを経験させていきながら子どもたちに選ばせていく必要があるでしょう。保育のなかでも、障害と発達を考慮し、子どもが楽しんで行えるあそびを子どもと一緒に探していくことが大切です。そのときの姿勢や運動の仕方、すなわち身体に変形が起きないようにしかも楽しくということが課題になります。

　日常生活動作（更衣・食事・排泄など）でも同じことで、させられるのではなく、自ら「したい」という気持ちを育てるなかで、その仕方への援助が必要です。「お風呂に入りたいから服を脱ぐ」「外に行きたいから靴を履く」、楽しい目的があるからこそ「しよう」という気持ちが育ちます。そのときに、どんな仕方をしているのか、どこまで自分でできるのか、どこでつまずいているのかを評価しておくことが大切です。自分ひとりでできなくても、大人と協力してできる。こんなことが準備されていたらできる。そのような経験のなかで達成感を感じ、主体的な子どもへと育っていくでしょう。「ここまではできるけど、ここはこう手伝って」「これはできないけど、このようにしたらできる」、そう言えるような子どもたちに育ってほしいとねがっています。

（2）子ども全体を見る

障害をもつ子どもを見るとき、つい障害ばかりに目がいってしまいがちです。障害のみに目を向けるのではなく、どんな生活を過ごしているのか、どんなあそびが好きか、どんな食べ物が好きか、恥ずかしがりやか、活発な子かなど、子ども全体を見るようにしましょう。

　いつも下を向いていてなかなか頭を上げようとしない、まだ自分ひとりでは坐ることも動くこともできないともちゃん（2歳半）。動くことが嫌いなのかな、自己主張が少ない子なのかなと考えながら、思いきって三輪車に乗せてみました。サドルを改善して安定して坐れるようにした三輪車です。三輪車を動かすと頭をしっかり上げて前を向いてきました。得意げなともちゃんです。本当は動くことが好きだったのだな、できる自分を見てもらいたかったのだなと教えられました。

（3）子どもらしい生活を保障する

　特に障害の重い子どもたちは、生後すぐNICU（新生児集中治療室）で育てられ、母親との接触が少ないNICU特有のさまざまな環境のもとですごす、退院しても通院生活が続くなど、多くの犠牲を強いられています。昔に比べ少なくなったとはいえ、まだまだ病院やリハビリテーション通いに費やす時間は多いのが実情です。そうしたなかでも、できるだけ子どもの年齢にふさわしく十分あそび込めるような子どもらしい生活を保障していきたいものです。十分あそび込めることは、成長に伴って物や人に向う発達の基礎として、とても大切な力になります。

　子どもたちは障害をもちながらも日々生活して発達しています。障害・発達・生活と切り離して考えるのではなく、障害をもちながらも日々の生活のなかで人間として生きていく力をつけ、発達を促すような援助をしていきたいものです。

（4）障害を多面的に正しく理解する

　子どもたちの障害はさまざまです。また、感覚障害という目に見えにくい障害ももっています。単に「動きにくい」「不安定」としてしまわないで、障害の特徴をよく理解して接していきましょう。

　障害を正しく理解することにより、あそびや日常生活動作の工夫にもアイデアが生まれてきます。日常生活動作は毎日繰り返されるものです。障害をさらに重くしてしまうような身体の使い方を毎日の繰り返していくと、それが定着してしまいます。少しでも楽にスムーズに動けるような身体の動かし方を、子どもと相談しながらつくり上げ、日常生活動作の一つひとつを学習していきたいものです。

　例えば、ズボンに足を通すことひとつとっても、運動・姿勢・感覚・認知・見え方など多くの要素が含まれています。姿勢は安定していて手を自由に使えるか、ズボンの足を通す穴をきちんと見えているか、どの方向に足を動かしていくと穴に足が入るか、足を伸ばしやすいようにズボンに張りをつくっておく必要があるか、足先をズボンから出すときに手をどのように使うか、一つひとつ確かめてみましょう。

（5）年齢に即した適切なサポートと援助を

　子どもと生活していると、どうして手が伸びないの、どうして手が前に出ないの、どうして見ていないのと「できないこと」に悩むことが多いと思います。障害の特徴（特に感覚障害）をよく知りながら、みんなで検討することが必要です。ときには専門家のアドバイスも必要でしょう。みんなで検討したことを、実際に行ってみてください。前述したズボンに足を通す行為だけでもさまざまな援助の仕方が考えられます。

　このとき、年齢や発達の力を配慮することが必要です。大人の援助を

受けながらでも「できた」ことを喜ぶ時期、どんな形でもよい、援助なしで自分の力だけでやってみたい時期があります。製作物などをつくるときに気をつけたいことです。

(6) 日常生活のちょっとした工夫

　更衣動作を始めようとしている子には、少し大きめで伸縮性のあるものが良いでしょう。また上着は、袖の色が身体の部分と違っていると袖を理解しやすくなります。パンツ・ズボンなどは、太目のゴムにして持ちやすいようにしてみてください。ズボンは、最初はすそが短いものが良いでしょう。前後がわかりにくい子には、前にワッペンなどを張り、前後をわかりやすくしてみてください。足を通す、手を通すとき、衣服に張りがあったほうが子どもにとって運動方向がわかりやすくなります。衣服の端を持って張りをつくるのもひとつの手です。

　食事も、最初は手づかみでも自分で食べる楽しさを経験することが大切です。発達段階に即しながら道具の使用に展開していきますが、まずは姿勢が安定していることが大前提です。そのうえで持つ部分の太さ・柔らかさが子どもの手にフィットしているか、向きが子どもの手の動きに合っているかなど、子どもの能力に合った特製のスプーンやフォークを考えます。食器の工夫や食器が動かないような滑り止めマットの使用も考えてみましょう（お皿を自分で動かしたいため滑り止めマットをいやがる子もいます）。

　トイレは、手すりだけだと不安定でトイレに坐るのを怖がる子がいます。トイレの前に台を置くと、そこにもたれて安心してトイレに坐れるようになります。もちろん、それで全く安心というわけではありませんので、そばに大人がついて安全を確認しながら話しかけます。しかし、子どもはひとりでトイレに坐っているのがとてもうれしそうです。

子どもに合わせて工夫されたスプーン　　トイレの前のもたれ台

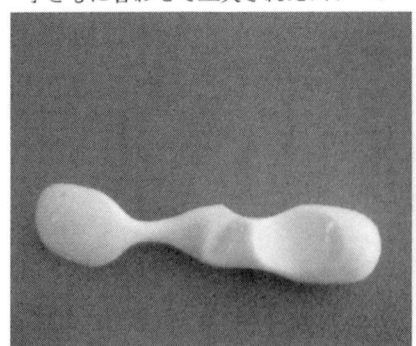

　子どもたちの障害は一人ひとり異なります。したがって援助の仕方、環境の工夫も個々の能力によって異なってきます。日常生活のそれぞれの場面で子どもの力に合わせたていねいな援助の仕方が求められます。

(7) 専門職との連携

　保育所、幼稚園など専門施設ではないところで日常保育を行っていて、これでいいのかな、どう介助したらよいのだろうと、専門家に相談したいこともたびたびあると思います。現在、子どもたちのほとんどは、どこかの施設や病院で理学療法や作業療法のリハビリを受けています。本来なら、理学療法士（PT）や作業療法士（OT）が保育現場に出向くか、保育士に子どもと一緒に来てもらい、実際に子どもを通して話を進めるのが一番良いのですが、時間的にも困難なことが多いと思います（2012年4月より「保育所等訪問支援事業」が始まりましたが、今のところ十分な機能がはたせていない地域が多いと考えられます）。

　そこで、お母さんを通して日常的に悩んでいることを伝えたり、保育の場面をビデオに写して伝えるのもひとつの手段です。「いすに座ると身体が左側に倒れてくる」など困っていることや「バギーに座っていて

姿勢がくずれてくるので、この部分にタオルを入れているがよいのか」など自分たちで工夫していることを見てわかるように示すと、PTやOTもアドバイスしやすくなります。このとき、困っていることだけでなく、楽しそうに生活しているようすも伝えていけば、専門職と保育の間はより密になっていくのではないでしょうか。

(8) ライフサイクルで見て、今大切なことに取り組む。

　保育を行うとき、今の子どもの姿だけでなく、長期的な見通しをもって行うことが大切です。その見通しを心と身体の両面から考える必要があります。

　身体の面では、ずり這いができるようになった痙直型両マヒに分類されるサッチャン。自分で動けるようになってうれしくなってたまりません。まわりもうれしくて彼を励まします。「サッチャン、ここまでおいでよ」。サッチャンも、全力を使って必死で前進します。ところが上半身の過剰な努力によって、下肢はより硬さが増しさらに動かなくなってしまいます。このまま続けると変形や拘縮の心配も出てきます。子どもの「やる気」を大切にしなければならないということと矛盾するような場面にぶつかることがあります。子どもが過度に努力をして身体が硬くなったなと思うときは、その直後にリラックスさせて身体の柔軟性を確保してやってください。子どもの発達に伴い、がんばりすぎたと思ったら、直後にリラックスさせ身体を気持ちよく動かしてもらうことを子どもが自覚すること、さらには徐々に、自分でがんばりすぎを少しコントロールすること・動きの質を考えることを学習するように働きかけていきます。やる気と身体の関係では大変難しい関係があります。困難な課題ですが、二次障害への対策の配慮が早期から大切なのです。

(坂野幸江)

参考文献

茂木俊彦監修『障害を知る本⑩　からだの不自由な子どもたち』大月書店、1999

Nancie.Finnie編著　梶浦一郎・鈴木恒彦訳『脳性まひ児の家庭療育』医歯薬出版、1999

松本和子著『動きづくりのリハビリテーション・マニュアル』第5版、中央法規、2002

二次障害検討会『二次障害ハンドブック　改訂版』文理閣、2007

【学習課題】

1．脳性マヒの障害の特徴を、感覚の障害を含めてまとめてみよう。
2．脳性マヒの子どもの療育・保育の留意点を検討しよう。
3．子どもたちの発達と障害を理解し、子どもたちが楽しさと達成感を味わえるようなあそびを工夫してみよう。

Ⅶ　医療との連携が必要な子どもたち

　障害をもつ子どもたちにとって、医療の重要な役割のひとつとして、障害の早期発見や正確な診断があることは言うまでもありません。それだけでなく、毎日の保育・療育を行う上でも、医療との連携が大切な子どもたちもいます。

　呼吸する、食べる、排泄するなど、生きていくための最小限の機能にも援助が必要な「重症心身障害児（以後、重症児と記す）」と呼ばれる子どもたちがその典型です。痰の吸引や経管栄養などの医療的ケアは、重症児の暮らしを支えるためには欠くことのできないものです。

　また、てんかん、先天性心疾患、アトピー性皮膚炎や気管支喘息に代表されるアレルギー性疾患、肥満、睡眠障害などの合併症をもつ子どもたちについても、医療との連携が大切です。

1．合併症への取り組み

（1）大切な視点

　いろいろな身体的な合併症をもつ障害児に対しては、医療機関と連携を図り、個々の疾患とそれぞれの子どもの病状に対する正確な知識にもとづいて、必要な配慮を行いながら、子どもたちにそれぞれの生活年齢や発達段階にふさわしい能動的な活動をできるだけ保障していくことが大切です。病気を恐れて、必要以上に生活や遊びに制限を加えたり、過

保護・過干渉におちいらないように注意しましょう。

（2）てんかん

①てんかんとは

　私たちの脳には何百億もの神経細胞があり、その働きによって、身体のいろいろな機能をコントロールしています。神経細胞には、ごく微量の電流がいつもは規則正しいリズムで整然と流れています。ところが、何らかの原因で、神経細胞の一部が病的に興奮し、一時的に過剰な電流が発生すると、脳の正常な働きが妨害されます。その結果、突然、意識を失い、体全体を硬直させて、その後全身をガクガクけいれんさせたりします（強直間代発作）。これがてんかん発作です。てんかん発作には、他にもいろいろな種類があり、神経細胞の興奮の部位によって、部分発作と全般発作に分けられます。

　てんかんというのは、こうしたてんかん発作を繰り返し起こす慢性の脳の疾患のことをいいます。それぞれの人の発作の症状は決まっています。てんかんの原因はさまざまですが、脳の先天的な異常がある症候性てんかんと、そうした異常が認められない特発性てんかんとに分けられます。てんかんは、子どもが高い熱を出したときに起こす熱性けいれんや赤ちゃんの泣きいりひきつけとは異なるものです。

　てんかんは成長途上にある子どもには多い病気で、およそ1000人のうち8人の子どもがてんかんをもっていると見られます。障害をもつ子どもたちの場合、さらに、てんかんを合併する割合は高く、重症児の場合には50〜60％くらいがてんかんを合併するといわれています。しかも、ウエスト症候群（点頭てんかん）やレノックス・ガストー症候群、乳児重症ミオクロニーてんかん（ドラベ症候群）など、発作のコントロールが難しく、発達の遅れを伴いやすい難治性てんかんが多いのが特徴で

す。
　てんかんの診断は発作の症状の観察と脳波検査をはじめとする各種の医学的検査によって行われます。てんかん発作を正確に分類することが治療法を決定する第一歩です。
　てんかんの治療の基本は、抗けいれん剤の服用です。医師は、てんかん発作の種類によって、てんかんのタイプを診断し、それにあった抗けいれん剤を選択します。きちんと薬を服用し、適切な治療がされれば、80％の人は治癒が可能と言われています。

②**てんかん発作への対応**

　てんかん発作を起こしたときに、何よりもまず大切なことは、慌てないで、けがをしないように注意して見守ることです。倒れるような発作の場合には、身体を支えて寝かせ、衣服を緩め、唾液や吐物が出やすいように、顔も横に向けます。けっして口の中にスプーンやタオルなどを入れてはいけません。歯や口腔内のけがや窒息の恐れがあります。呼吸が安定し意識が回復するまで、しばらくようすを見ることが必要です。歩きまわるような発作では、まわりの危険物をかたづけて見守ります。
　もうひとつ大切なことは、発作の観察と記録です。診察のときに発作が見られることは少ないため、家族や療育関係者などが医師に正確に発作の症状を説明することが重要になります。発作の多くは短時間のうちに終わりますから、そのすべてを記録することは容易なことではありませんが、できるだけポイント（**表1**）を押さえて観察することが大切です。携帯電話やデジタルカメラなどで録画しておくのもよいでしょう。
　いつもよりも長く10分以上も発作が止まらない場合や、短時間に反復して発作がおきる場合は、医療的な処置が必要になります。あらかじめ、どのように対応するかを保護者や主治医と打ち合わせ、確認しておくことが必要です。

表1 てんかん発作の観察のポイント

発作の始まり	いつ、どこで、何をしていたか（睡眠、入浴、テレビ、遊びなど）
	始まりの症状（急に泣き出す、反応が鈍くなる、不機嫌など）
発作中の症状	手足のようす（動きや左右差、時間の経過による変化）
	頭・顔・目（顔や目の向き、顔色、発声、口元の動き）
	意識障害の有無（声かけなどに対して）
	発作の持続時間
発作後の症状	発作後のようす（眠ったか、意識の戻り方、嘔吐など）
	体の動きや会話（マヒの有無、言葉の理解など）
体調等	発熱、睡眠不足、疲労、予防接種、服薬忘れ

③てんかんをもつ子どもの保育上の留意点

　てんかんをもつ子どもたちの保育を行う際に大切なことのひとつは、子どもたち一人ひとりの発作の特徴（発作のタイプや引き金になりやすい要因など）や服用している抗けいれん剤の副作用をよく知っておくことです。眠気やヨダレの増加、多動など、抗けいれん剤の副作用が疑われる症状が見られたときには、主治医に状況を伝え、薬の調整の必要があるかどうかを判断してもらいましょう。

　もうひとつは、規則正しい睡眠、食事や排便のリズムなどの基本的生活習慣を確立し、いきいきと活動できる環境をつくることが大切です。一般的には、子ども自身が積極的に何かに取り組んでいるときの方が発作が起こりにくい状態になります。プールや行事などの参加も、安全に十分配慮をしながら過剰に抑制しない方向で考えていきましょう。発作によって転倒することが多い子どもの場合には、保護帽の着用によって安全を確保することも必要になります。

（3）先天性心疾患

先天性心疾患はほとんどの場合は心臓の奇形によるもので、100人に1人の割合で発生しますが、ダウン症候群の子どもでは約3分の1に合併がみられると言います。主なものとして、心室中隔欠損（VSD）や心房中隔欠損（ASD）などがあります。

先天性心疾患の場合、同じ病気でも症状の程度は非常に幅がありますが、今では、医学の進歩によって、多くが手術などによって治るようになりました。しかし、大きな手術を受けることによって、発育や発達に影響が及ぶことが少なくないことが指摘されています。

身体面だけでなく、発達全体を視野に入れてフォローすることが必要です。また生活の面では、規則正しい生活リズムを整え、肥満を防ぐために食事や運動に気をつけることが大切です。

2．医療的ケアの必要な子どもたち

（1）重症心身障害児・超重症児とは

重度の肢体不自由と重度の知的障害を重複してもつ子どもたちを重症心身障害児と呼びます。行政的には、狭義の重症児は、寝たきりから座位のレベルの運動機能障害、IQ35以下の知的障害が重複している子どもを言いますが、それ以外でも、たえず医療的なケアが必要な場合や強度行動障害をあわせ持つ場合なども含まれます。

今では、地域の療育機関や特別支援学校でも、重症児の存在が当たり前になっていますが、こうした子どもたちは半世紀前までは福祉制度の谷間におかれ、権利を奪われた存在でした。しかし、関係者のねばり強い運動によって、1961年に島田療育園、1963年にびわこ学園が設立されたのを皮切りに、各地に重症心身障害児施設が設立されました。さらに、教育の分野でも、1979年の養護学校義務制実施によって、それまで

就学猶予・免除の対象とされてきた重症児も、教育を受ける権利が保障されるようになりました。

重症心身障害の原因は、染色体異常や脳の奇形、遺伝性代謝異常などの出生前要因、分娩異常や低出生体重児などの出生時の要因、脳炎後遺症や頭蓋内出血、溺水などの不慮の事故に伴う後遺症といった後天的要因によるものなどさまざまです。

1990年代以降、新生児医療の進歩や新生児集中治療室（NICU）の普及によって、出生体重1000ｇ以下の超低出生体重児の出生数が急速に増加し、全出生児の0.3％にあたる年間3000名以上が生まれています。最近では400ｇ未満で出生した赤ちゃんの命を救うこともできるようになりました。一昔前なら助からなかった多くの子どもたちの命が救われるようになってきた反面、脳性マヒや知的障害、発達障害など何らかの障害が残る子どもたちが増加傾向にあるという指摘もされています。そのなかには、呼吸機能の障害などが重く、従来の重症児の概念を越える濃密な医療ニーズをもった超重症児・準超重症児と呼ばれる子どもたちもいます。

重症児は、運動障害や知的障害以外に、てんかん、視覚や聴覚などの感覚器官の障害、先天性心疾患や消化管などの奇形を合併することも多くみられます。さらに、年齢とともに症状が変化し、二次的にさまざまな合併症（例えば、脊柱の湾曲、関節の変形拘縮、呼吸困難など）が引き起こされるため、障害が重度化する傾向がみられます。

（2）「医療的ケア」の概念の誕生

生命維持のために不可欠なさまざまな機能に援助が必要な重症児は、口から摂食ができなければ経管栄養を、自力で痰をうまく出すことができなければ吸引を、呼吸がスムーズにできなければ人工呼吸を行わなけ

ればなりません。これらの経管栄養や痰の吸引、人工呼吸器による呼吸管理、酸素吸入、導尿などの医療行為は、重症児があたりまえの生活を送るための不可欠の手段です。このような医療行為は、医療機関で治療のために行われるときには、有資格の医療職が行わなければいけないと、法律上、定められています。

　しかし近年、厚生労働省の在宅医療を推し進める方針もあって、病院を退院し、家庭で生活する重症児も増えてきました。その場合、当然のことですが、医師の指示のもとに、家族や介護者がこれらの行為を生活行為として行うことになります。これらを「医療的ケア」と呼び、医療職が行う医療行為と区別をしています。医療的ケアは単に生命を維持するためだけのものではなく、こうした子どもたちのQOL（生命の質・生活の質・人生の質）を豊かにするために不可欠のものなのです。

（3）保育・療育機関や学校での医療的ケア

　文部科学省が毎年行っている全国の公立特別支援学校を対象とした調査では、幼稚部から高等部までに在籍する医療的ケアの必要な幼児児童生徒数は、2005年度の5824名から2011年度の7350名（在籍児全体の6.4％）へと年々増加しています。そのうち、訪問学級に在籍する子どもたちは2042名（27.8％）で、在宅訪問の子どもたちの方が病院・施設の訪問学級の子どもたちよりもやや多くなっています。医療的ケアの内容では、痰の吸引などの呼吸器関係が67.0％、経鼻栄養などの栄養関係が25.8％を占めています。また、就学前の重症児の主な受け皿となっている肢体不自由児通園施設（現在の医療型児童発達支援センター）に通う子どもたち2116名のうち、吸引器の使用185名（8.7％）、経管栄養150名（7.1％）、胃瘻（いろう）102名（4.8％）となっています（2008年度）。

　このように医療的ケアの必要な重症児の療育機関や学校での受け入れ

が進んだ背景には、2004年10月に、厚生労働省・文部科学省が、盲・聾・養護学校に通う医療的ケアを必要とする子どもたちについて、看護師の適正な配置など医療安全が確保されることを前提として、医師の指示にもとづいて、痰の吸引、経管栄養及び導尿の医療行為を教員が行うことはやむをえないとする通知を出したことがあげられます。

一方、この間、出生時より濃密な医療が必要な子どもたちがNICUを退院できない結果、NICU不足に陥るなど新生児の救急・周産期医療の問題が顕在化し、また、高齢者分野でも、胃瘻(いろう)などへの対応が必要なお年寄りの介護の問題が大きく取り上げられるようになってきました。そうした状況を受けて、厚生労働省では、2011年6月に社会福祉士及び介護福祉士法の一部改正を行い、2012年4月から、教員を含む介護職等によって医療的ケアを実施することができるようになりました。しかし、今回の法律で認められた医療的ケアは、口腔内・鼻腔内・気管カニューレ内部の痰の吸引、胃瘻(いろう)・腸瘻(ちょうろう)による経管栄養、経鼻経管栄養に限られており、個々の重症児が必要としている医療的ケアの範囲より狭くなっているという問題点があります。また、スクールバス内や遠足などの課外活動の時には看護師等の対応が必要だとされているため、地域によっては、保護者の付添などの負担の軽減にはつながらないなどの問題が懸念されています。さらに、現場の教職員への研修の問題や看護師の配置、通常学校での対応など、まだまだ具体的な取り組みに関しては今後に課題が残されています。

医療的ケアの必要な子どもたちの多くは重症児ですが、なかには、気管切開はしていても走り回れる子どもや、人工呼吸器を装着しているが知的障害のない子どももいます。子どもたちの保育を受ける権利の保障や母親の就労保障という点からは、子どもの実態に応じて、保育所などでも看護師の配置などの条件整備を行いながら、医療的ケアの必要な子

どもたちの受け入れが進むことが望まれます。しかし、看護師の配置されている保育所は非常勤を含めても3割に届かず、大半の場合、安全面が確保できないという理由などで受け入れを断られているのが現実です。

【医療的ケア用語集】

　ここでは、医療的ケアとしてよく出てくる用語について、簡単に説明をします。くわしい手技については、最後に示したいくつかの文献にわかりやすく説明されていますので、参考にしてください。また、医療的ケアの必要な子どもたちは一人ひとり症状が異なりますので、実際に医療的ケアを行う際には、それぞれの子どもに合った方法を主治医や看護師から納得のいくまで説明と指導を受けた上で、正しい知識をもって実施することが大切です。

経管栄養　口から食べ物を上手に食べられない、むせて水分摂取がうまくできない、口から食べられるが量的に少なく、栄養不足に陥っているときに行い、以下のような方法があります。

　①経鼻経管栄養法…鼻から合成樹脂製のチューブ（カテーテル）を胃または十二指腸まで入れ、そこから袋やガラス容器に入った栄養剤などをゆっくり注入する方法。カテーテルは入れたままにして、テープで顔に固定しておき、細菌が繁殖するのを防ぐために週1回程度交換します。

　②胃瘻・腸瘻栄養法…胃部あるいは十二指腸部に穴をあけ、腹部の表面から穴に管を入れ、その管を介して栄養剤などを注入する方法。穴は使用時以外は専用のボタンでふたをしておきます。

　③口腔ネラトン法…食事や水分補給のときだけ太めのゴム製チューブ

(ネラトン）を口から入れる方法。

吸引　呼吸障害や嚥下障害のために、痰や鼻水をうまく出せず、呼吸がうまくできないときに行います。口腔、鼻腔、気管内に細いチューブを入れて、吸引器を使って、痰や鼻汁などの分泌物を吸い取る方法。吸引を行う場合は、感染予防のため清潔に配慮する必要があります。

気管切開　他の方法では呼吸状態が改善せず、誤嚥が多かったり、頻回の吸引が必要な場合に、のどから気管に穴をあけて、気管カニューレという管を通す方法。

導尿　尿が出にくい場合や、全部きれいに出てしまわないで膀胱炎などの感染症が心配される場合に、尿道口から膀胱までチューブを差し込み、排尿を促す方法。

3．重症児の保育・療育の留意点

(1) 親を支え、子どもを支えるネットワークづくり

　待ちに待った我が子の誕生を喜ぶ間もなく、重症児の生きることへのたたかいが始まります。そして、それは重症児の家族にとっても、それまでとまったく違う生活の始まりを意味します。将来への大きな不安を抱えながらも、親は慣れない日々の子育てに追われます。

　医療的ケアの必要な障害の重い子どももある程度健康状態が落ち着くと、退院して、家での生活が始まります。家庭で暮らすということは、家族の一員として同じ空間のなかでさまざまなことを一緒に経験しながら生きていくことで、障害をもつ子どもにとっても家族にとっても、かけがえのない喜びと充実感をもたらすものです。

　しかし、一方でそれは、家族に非常に大きな経済的・肉体的・精神的負担を与えざるをえないことも事実です。はじめて家庭で医療的ケアを

行うことになった家族の不安やとまどいは非常に大きいものがあります。頻回に吸引を行わなければならないために、常に誰か（ほとんどの場合、母親）が見守っていることが必要で、介護者は夜間も細切れの睡眠しか取れず、慢性的な睡眠不足に陥ります。外出もままなりません。お乳が飲めない、寝ない、機嫌が悪くぐずぐず泣いてばかり……困ることはいっぱいあります。体調もくずれやすく、風邪などの感染症ですぐに体調が悪化して、入退院を繰り返すことも少なくありません。人工呼吸器を購入する費用負担なども少なくはありません。きょうだいがいる場合には、なおさらたいへんです。医療的ケアが必要な子どもをかかえた家庭は常に極限まではりつめた糸のような状態におかれ、余裕がありません。

　それでも、季節がめぐり、徐々に体力がついてきて、生活のリズムが少しずつ整ってくると、通園施設などの療育機関への通園も可能になってきます。このような時期に大切なことのひとつは、何よりもまず親を支えることです。日々の大変さを思いやり、療育機関に通うことが少しでもほっとできる時間になることをめざします。また、職員との関わりだけではなく、同じような障害児をもつ親同士の仲間づくりができるよう配慮することもとても大切です。しんどさを共有することができる親同士の絆は、やがて子どもたちの権利を守るための運動体へと発展する可能性ももっています。

　また、体力的に通園が困難な時期にも、家族を支えるための手がいろいろな方面から差し伸べられる必要があります。療育機関からの訪問保育や訪問リハビリ、病院からの訪問看護、ヘルパーなど、家庭に療育機能・福祉機能をもち込む多様なサービスのネットワークが必要です。

（２）医療と協働した障害や合併症への対応と健康管理

　身体の生理的な機能が未熟なため、重症児はちょっとしたことで体調を崩しやすく、しかも、それが長期化・重度化しやすいという特徴をもっています。そのため、日ごろの健康状態には細心の注意をはらう必要があります。顔色、体温、脈拍、呼吸数、表情、活気などについて、好調なときの状態を把握しておき、一定の医療的な知識をもって、保育にあたることが必要です。また、身体の変形や拘縮の進行や骨折などを予防するために、保育のときの姿勢や、姿勢を変えるときの身体や手足の動かし方にも配慮が必要です。

　看護師や理学療法士（PT）が配置されている保育・療育機関では、それらの職種のスタッフが保育にも参加して、活動のなかで子どものようすを把握し、必要なアドバイスを行うことも考えられてよいでしょう。また、状態が悪化したときには、すぐに診てもらえたり、医療的ケアの方法などについての相談にも、いつでも応えてもらえるような医療機関のバックアップは不可欠です。

（３）保育の視点

　第1に、子ども自身が快の状態を感じる経験をできるだけつくり出すことが大切です。身体全体の緊張がゆるみ、リラックスした状態にあることが、外の刺激を心地よいものとして受け止めるための前提条件となります。また、人との関わりのなかで快の状態を感じる経験を積み重ねることが、人を求める気持ちを育て、笑顔を引き出します。

　第2に、子どものもつゆったりとしたリズムや「間」を大切にして、働きかけを行います。外の刺激を受け止めてから、反応が表に現れるまでには、時間がかかることもあります。その間の子どもの内面の変化を

待って受けとめ、意味あるものとしていく保育者の取り組みが求められます。

　第3に、自分のもっている機能を最大限生かして、自分から能動的に表現できるよう働きかけます。身体的に重い障害をもっていても、認識の力が1歳半をこえると、子どもはわずかに動く片手をあげる、足をつんつんさせる、うなずく、などさまざまな仕方で自分の気持ちを表そうとします。そのわずかな反応を見逃さずに、ていねいにとらえる目が要求されます。外から見える反応が乏しく、一対一の関わりでは変化をとらえにくい子どもも少なくありませんが、複数の人が関わることによって違う見方ができることもあります。子どもの内面の力にしっかり焦点を当てた働きかけをさぐり、子どもの自発性を育てていくことが大切です。
　　　　　　　　　　　　　　　　　　　　　　　　　　（古川和子）

参考文献

横浜「難病児の在宅療育」を考える会『医療的ケアハンドブック　難病児や障害児のいのちの輝きのために』大月書店、2003

細渕富夫『重症児の発達と指導』全障研出版部、2009

髙谷清『重い障害を生きるということ』岩波書店、2011

杉本健郎・北住映二『新版医療的ケア研修テキスト』クリエイツかもがわ、2012

井上有史・池田仁『新てんかんテキスト』南江堂、2012

西原由美『西原海　いのちのメッセージ』全障研出版部、2012

【学習課題】
1．重症児の特徴と医療的ケアについてまとめてみよう。
2．てんかんを合併する障害児を保育するときに必要な配慮をまとめて

みよう。
3. 重症児の家族の手記や実践記録を読んで、重症児が生きることの意味や重症児の発達における保育・療育の意味について、グループで話し合おう。

第4章

障害児保育の現状と課題

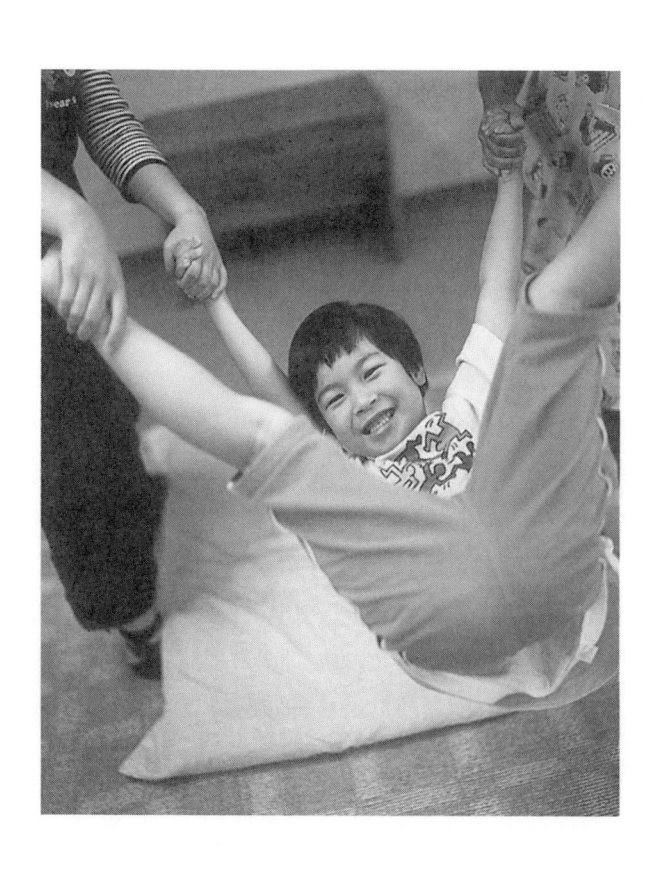

第4章　障害児保育の現状と課題

I　保育・療育の場の全体像

　障害のない子どもの場合、就学前に通園し集団生活を送る場はおおむね保育所もしくは幼稚園です。全国保育団体連絡会による『保育白書2015』によれば、4歳以上児については53.1％が幼稚園、44.7％が保育所と報告されています。障害乳幼児の場合、一般的にいえば、保育所や幼稚園のほかに、専門の通園施設等への通園という選択肢が加わります。しかし、障害がある場合、4歳になるから幼稚園を決めなければ、というように、年齢による典型的な就園モデルがあるわけではありません。何歳からどこに通うのかだけでなく、親子で通うのか、何日通うのかなど、通園の形態もさまざまです。乳幼児期をどうすごすかは、障害の疑いが指摘された時期や診断の時期、障害の種類、就労をはじめとする保護者の生活、保育所・幼稚園や専門施設・療育機関の整備状況などさまざまな要因が関係しているのです。
　地域による違いはあるとはいえ、現在、障害がある場合でもほとんどの子どもが何らかの施設に通園した経験をもって就学を迎えるようになりました。第2章の最初にふれたように、その施設は大きく二つに区分することができます。一つは保育所・幼稚園などの通常の乳幼児施設、今一つは、障害のある子どもたちのための専門施設です。本章では、それら障害のある子どもが乳幼児期を過ごす二つの施設の制度や成り立ち、特徴について学びます。ただし、通常の乳幼児施設については、障害児を受け入れて保育を行うための国の制度が明確にあるのは保育所だ

けですから、Ⅱでは保育所を中心に述べます。また、Ⅲの専門施設については、本格的通園の前段階で、発達上、気になることがある子どもへの支援を行う事業もここに含めて述べます。

　保育所、専門施設それぞれのしくみに入る前に、障害乳幼児の保育・療育にかかわる施策の全体像を見ておきましょう。

1．児童福祉法改正（2012年4月施行）と障害児支援

　障害のある子どもがその可能性を十分に伸ばし発達を保障するためには、保育・教育はもちろんのこと、医療や福祉施策が連携して機能し、保護者を含めて手厚い支援策が講じられる必要があります。その施策は、障害があると診断されたときからすぐに手が届くところになければなりません。そればかりか、障害かどうかわからないけれども手厚い支援が必要と判断された段階からの支援もたいへん重要です。

　これらの支援は、学齢期をへて社会へと引き継がれていきます。近年、こうした障害のある子どもへの福祉施策を中心とした支援を「障害児支援」と呼んでいます。障害児支援には、主として障害者福祉の分野が担当する部分と児童福祉の分野が担当するが部分があり、実際の地域では、二つの分野が重なりあい協同しながら自治体独自の施策を練り上げています。障害児支援全体を理解するためには、成人障害者に対する福祉サービス法である障害者総合支援法も視野に入れる必要があります。

　2010年12月、障害者総合支援法の前身である障害者自立支援法が一部改正されたさいに、連動して児童福祉法の障害児に関係する内容が改変されました。この改正は、障害児福祉に関係していえば、法制定以来最大といってよいほどの大きな変更です（2012年4月施行）。改正のポイントは以下の通りです。

①法第4条の2（障害児の定義）に、身体障害、知的障害にくわえ、発達障害が位置づけられた（法文上は「精神に障害のある児童」であり、発達障害者支援法に規定する発達障害を含むことが明記された）
　②従来、障害種別で構成されていた障害児施設（入所施設、通園施設）の障害種別をなくし一元化
　③従来、実施主体を都道府県においていた障害児通園施設を児童発達支援センターに改組し、実施主体を市町村に変更
　④家庭生活を送る障害児への支援を「障害児通所支援」としてまとめ、そこに放課後等デイサービス、保育所等訪問支援を加え、さらに障害児通所支援を受けるための手続きとして「障害児相談支援」を新設
　⑤入所施設に18歳を過ぎても在園する入所者の見直し（18歳以上の障害者は障害者総合支援法で対応）

2．障害児通所支援としての乳幼児施策

　障害乳幼児に関わる支援のおもな事業は、障害児通所支援に組み込まれています（図1、児童福祉法第6条参照）。
　「児童発達支援」は、従来、障害種別の通園施設（児童福祉法）と児童デイサービス（障害者自立支援法）に通うことで受けていた療育の支援に相当します。知的障害児通園施設・難聴幼児通園施設、児童デイサービスがこの制度に変わりました。実際に児童発達支援を提供する施設は、設備や職員配置の基準によって、児童発達支援センターと児童発達支援事業に分かれます。さらに、医師や看護師、理学療法士等が配置されていた肢体不自由児通園施設は、主として医療型児童発達支援センターへ移行しました。
　厚生労働省は、「身近な地域での療育」をキーワードに、児童発達支援センターを中核とする障害児支援のネットワークを構想しています

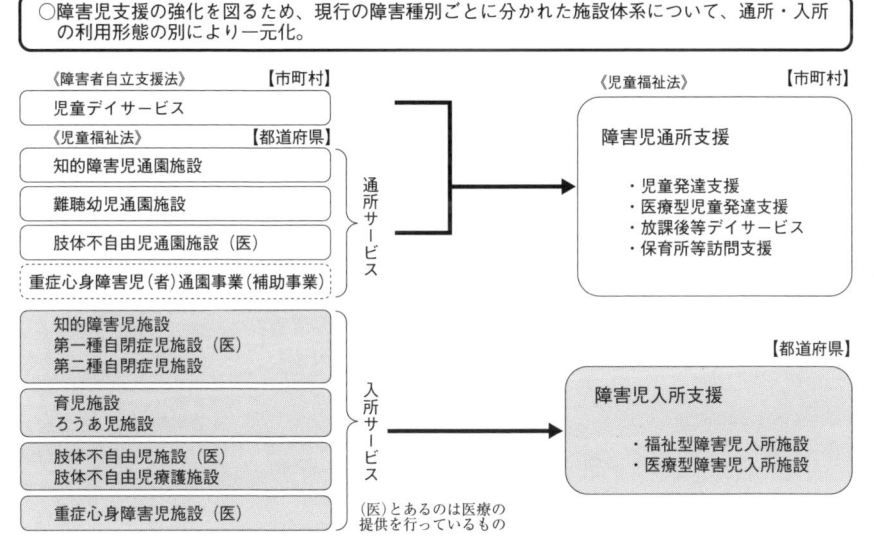

図1 改正児童福祉法による障害児関係施設の再編

（図2）。これによれば、児童発達支援センターが障害保健福祉圏域（障害者福祉を計画的に整備するために都道府県が定めたエリア）に1〜2か所あって、そこに通園する子どもの療育だけでなく、各種相談や児童発達支援事業への支援、さらには保育所等に通っている障害児の支援を行う（地域支援）ことを構想しています。こうした構想のもとに、保育所等訪問支援が実施されています（図3）。

しかし、これらの障害児支援は、残念ながらたくさんの問題点をはらんでいます（詳細は各節）。

3．児童福祉法下の改善課題

国（厚生労働省）は、障害児通園施設の「一元化」も市町村への権限委譲も、身近な地域で専門的な療育が受けられるようにすることや診断

児童発達支援センターを中核とした地域支援体制の強化（例）

児童発達支援センターが障害児支援のノウハウを広く提供することにより、身近な地域で障害児を預かる施設の質の担保と量的な拡大に繋がることを期待。

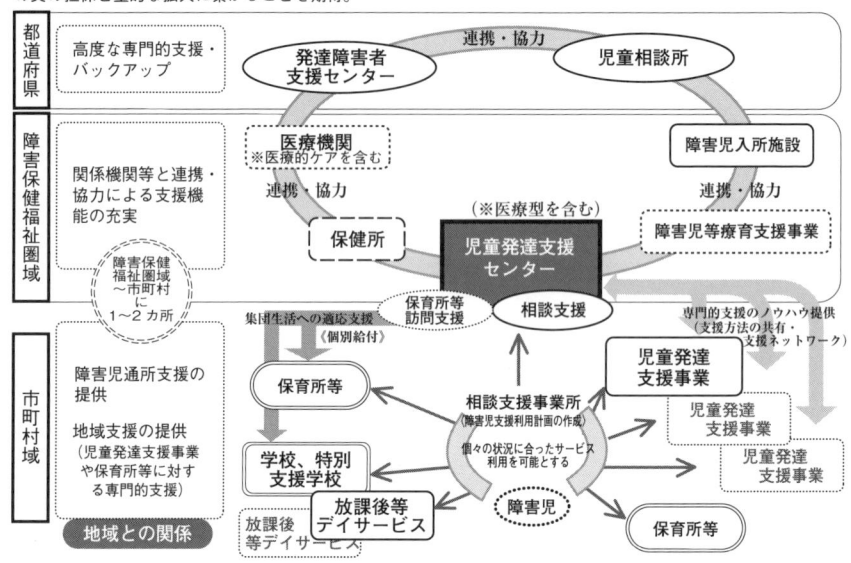

図2　厚生労働省による地域療育ネットワークの構想

がつきにくい発達障害の子どもが利用できることなどを期待したものだと言っています。

　しかし、「身近な地域での療育」が実現するかどうかは予断を許しません。それは、地域での要となる児童発達支援センター（医療型を含む）の量的整備が貧困な状態にあるからです。2010年の厚生労働省「社会福祉施設等調査」によれば、旧障害種別の通園施設の設置状況は、知的障害児通園施設230ヵ所、肢体不自由児通園施設83ヵ所、難聴幼児通園施設23ヵ所と障害別に大きな差がありました。理学療法士や作業療法士、言語聴覚士の指導も受けながら子どもに合った日中の楽しい活動の場がほしいと思っても、医療型児童発達支援センターが増える保障はまったくありません。比較的多く設置されていた知的障害児通園施設も、

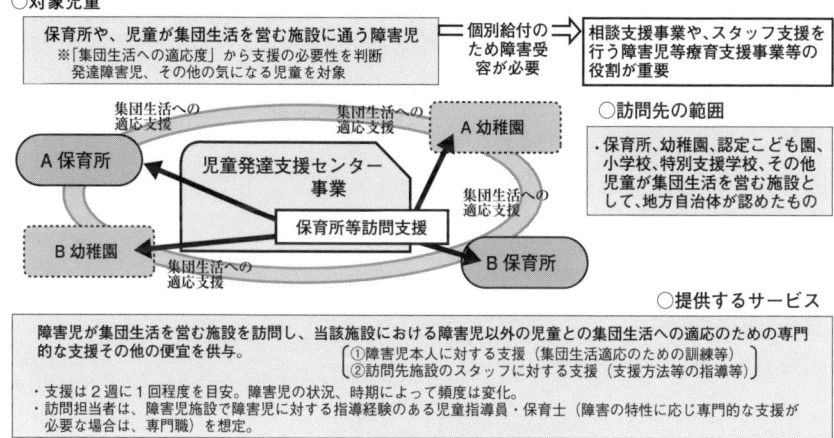

図3 保育所等訪問支援の概要

○事業の概要
・保育所等を現在利用中の障害児、又は今後利用する予定の障害児が、保育所等における集団生活の適応のための専門的な支援を必要とする場合に、「訪問支援」を提供することにより、保育所等の安定した利用を促進。

○対象児童
保育所や、児童が集団生活を営む施設に通う障害児
※「集団生活への適応度」から支援の必要性を判断
発達障害児、その他の気になる児童を対象

個別給付のため障害受容が必要 → 相談支援事業や、スタッフ支援を行う障害児等療育支援事業等の役割が重要

児童発達支援センター事業／保育所等訪問支援
A保育所、A幼稚園、B幼稚園、B保育所（集団生活への適応支援）

○訪問先の範囲
・保育所、幼稚園、認定こども園、小学校、特別支援学校、その他児童が集団生活を営む施設として、地方自治体が認めたもの

○提供するサービス
障害児が集団生活を営む施設を訪問し、当該施設における障害児以外の児童との集団生活への適応のための専門的な支援その他の便宜を供与。
①障害児本人に対する支援（集団生活適応のための訓練等）
②訪問先施設のスタッフに対する支援（支援方法等の指導等）
・支援は2週に1回程度を目安。障害児の状況、時期によって頻度は変化。
・訪問担当者は、障害児施設で障害児に対する指導経験のある児童指導員・保育士（障害の特性に応じ専門的な支援が必要な場合は、専門職）を想定。

全国的にみると県に1ヵ所しかない県もあるなど、偏在が著しい状態でした。また、期待される「地域支援」についても、それを円滑に実施するためには担当する職員が特別に配置される必要がありますが、そういった改善策は国レベルではみられません。

そこで注目されるのが児童発達支援事業の存在です。この事業は、児童発達支援センター同様、乳幼児期の療育を提供することを目的としていますが、従来から実施主体は市町村にあり、施設や職員の指定基準が緩やかな、届け出によって開始できる事業です。厚生労働省も地域支援の強化策として、この事業が市町村にくまなく開設されることを期待しています。実際、児童発達支援事業はその制度の原点である「心身障害児通園事業」の時代から、通園施設がない地域に生れ育った子どもに療育を保障するために大きな役割を果たしてきた実績があります。しか

し、開設が簡便なことは、さまざまな会社、団体がこの事業に参入する傾向も招いています。子どもの発達を保障する保育・療育の質を問う検証が求められているといえましょう。

　ほんとうの意味での地域療育を実現するためには、図2を絵に描いた餅に終わらせないために、障害保健福祉圏域に1〜2か所という曖昧な目標ではなく、都道府県が社会資源が不足している地域に療育の場を開設できるたしかな障害児福祉計画をたてられるよう、国の責任で財政措置をする必要があります。

　加えて指摘すれば、先にもふれたように、「障害児支援」は障害者自立支援法施行以来、すべて障害者施策と同じしくみによって実施されています。つまり、療育を受けるさいには障害児相談支援事業を経て市町村で支給決定を受け受給者証を発行してもらう、つぎに専門施設を選んで利用契約を結ぶ、さらに定められた利用料を月ごとに支払うのです。たとえば、児童発達支援センターによる地域支援の「目玉」として打ち出された保育所等訪問支援事業を例にあげてみましょう。**図3**にみるように、この事業の対象児には、発達障害児や「その他気になる児童」が含まれていますが、利用を開始するには、保護者の「障害受容が必要」とあります。利用にあたって、障害児相談支援事業所との契約にもとづき相談を受けた後、市町村で障害児通所支援の支給決定を受けるという手続きをふまなければならないのです。実際に訪問が始まるまでには、児童発達支援センターとの契約が必要であり、さらに費用の一部は保護者負担となります。

　こうしたしくみは、障害がまだ確定していなかったり、親のさまざまな思いを汲み取る必要がある乳幼児期にはけっしてふさわしいものではありません。根本的な改善が求められるところです。　　　（中村尚子）

(本章の図表は「全国知的障害児発達支援施設運営協議会第10回大会」(2012年11月)における厚生労働省による行政説明の資料より引用、一部改変あり)

参考文献

『障害者問題研究』第39巻3号、「特集　乳幼児期の療育と子育て支援」2011

近藤直子『自分を好きになる力―豊かな発達保障をめざして』クリエイツかもがわ、2012

中村尚子『障害のある子どものくらしと権利』全障研出版部、2013

学習課題

1．児童福祉法の第1条から第6条までを読んで、障害児にかかわる内容を整理してみよう。
2．身近な自治体の乳幼児健康診査について調べてみよう。

Ⅱ 保育所における障害児保育

1．制度の現状と到達点

(1) 保育所の位置づけと障害児保育

　保育所は、児童福祉法に定める児童福祉施設です。就労などを理由として、日中、養育者がいない子どもを預かり、その保護者の就労を保障する機能をもつ施設ですが、子どもの視点に立つならば仲間とともに毎日生活するなかで子どもの発達を保障する施設でもあります。そして今日では、保護者の就労のいかんにかかわらず、地域の子育てセンターとして子どもの相談や園庭開放などが行われ、地域や家族の子育て支援の機能も果たしています。

　保育所は児童福祉施設のなかで最も施設数が多く、95％の市町村に設置されています。2012年4月現在、認可保育所は全国に2万3711ヵ所、約218万人の子どもたちが生活を送っています。

　保育所における障害児保育制度は1974年に始まりました。制度開始から40年以上になり、障害児を受け入れている保育所の数は年々増加し、入所する子どもの障害も、障害の重い場合から障害が疑われる程度まで多様化な子どもが入所しています。

　1970年代から障害乳幼児の早期発見や早期対応が進むなかで、リハビリテーションや保育・療育が開始され、地域に早期療育の親子教室や専

門施設も少しずつ設置されるようになりましたが（本章Ⅲ参照）、障害乳幼児のための施策は不十分で、障害乳幼児のうち多数が保育所に入所しています。

　保育所における障害児保育は、日々の保育を進めるなかで、集団の中での障害児の発達や健常児との育ち合いの姿を明らかにしてきました。同時に障害児の発達を保障するための制度を整えながら発展してきました。しかし障害乳幼児にとって保育所の役割は、全国一律ではなく、たとえば児童発達支援センターがまったくない自治体では、保育所が障害乳幼児にとっての唯一の集団活動の場になるというように、それぞれの地域・自治体に障害の発見から療育にいたるまでにどんな施設や手立てがあるのかによって変わってきます。。

（2）国の障害児保育制度

　1974年12月に厚生省から「障害児保育事業の実施について」の通知が出され、「障害児保育実施要綱」に基づいて国の障害児保育制度が始まりました。当初は「保育に欠ける」児童で「4歳以上の軽度」に限定され、さらに「保育所の定員が90名以上で、障害児がその1割程度に及ぶところ」とされていました。その後1978年6月「保育所における障害児の受入れについて」の通知により、年齢の規定は取り払われ、障害の程度が「中程度までの障害児」とされ、受け入れ人数は「それぞれの保育所において障害児と健常児との集団保育が適切に実施できる範囲内の人数」で、国の助成の対象となるのは、特別児童扶養手当の支給対象児と変更されました。そのため、1980年代からは保育所に通う障害児が増加しました。1989年度からは国の特別保育事業のなかに「障害児保育事業」として位置づけられ、1998年度からは「障害児保育対策事業実施要綱」に基づき2002年度まで実施されていました。その対象は「保育に欠

ける」障害児であって、「集団保育が可能で日々通所できるもの」で、特別児童扶養手当の支給対象児（おおむね中程度以上の障害児、身体障害者手帳1・2級、療育手帳A・B）でした。そして障害児1人あたり月額7万5640円（2002年度）の人件費への補助金が支給されていました。この事業の経費は2003年度より補助金制度から一般財源措置され、特別児童扶養手当支給対象児4人につき保育士1人の配置を地方交付税算定対象とした地方財源措置として項目は残ったものの、障害児保育を直接の目的とした国の補助金はなくなりました。なお、2007年度より国の障害児保育事業の地方交付税算定対象を従来の中程度の障害児から軽度の障害児および発達障害児にも拡大され、特別な支援が必要な児童2人に対し保育士1人配置とされました。2009年度では、人口10万人あたり3700万円の地方交付税措置がなされています。

　このほか、1989年度より「障害児保育促進事業（2003年度より「障害児保育環境改善事業」と名称変更）」として、新たに障害児保育事業を実施する保育所に対して受け入れ体制の整備を図るために、1保育所につき初年度のみ1回限り100万円以内の補助があります。これは設備、遊具、研修など整備費に使途が限定されます。現在は「保育環境改善等事業」の中の「環境改善事業」として財政補助されています。

　このような国の財政措置のもと、具体的に障害児保育をすすめるのは市町村です。障害児保育実施要綱を定めて障害児保育の制度化を図っている自治体もあります。国の制度を補うために都道府県の一部では独自に障害児保育の人件費補助や事業費補助をしているところがあります。さらに市町村では、国の障害児保育事業対象児への保育士加配だけでなく、独自の障害児保育制度として、国の制度の対象とならない障害児に対しても、保育士加配をしたり民間保育園への事業費加算をしているところもあります。

（3）自治体ごとに異なる障害児保育

　保育所における障害児保育は法律に基づくものではなく、厚生労働省（以下、厚労省と略す）による通知の位置づけです。市町村に義務づけられた国の制度ではないために、実施保育所数や対象児数は増加しているものの、依然として地域間格差は大きく、すべての自治体で実施されるには至っていません。また、障害児保育実施要綱などを定めていない市町村でも、障害児保育を実施しているところが全国各地でみられます。

　国の障害児保育事業の補助金実績でみると、1974年は全国で18ヵ所、159人でした。それが2002年度には6722ヵ所（うち公営4064）、1万188人と増加。これは全国の保育所の30.2％、入所児数の0.54％に当たります。障害児保育事業の対象となる中程度の障害児数だけでも、この20年間で約3倍、10年間で約2倍も増加しました。2003年度に障害児保育事業の補助金対象となる約1万1000人分33億円の国庫補助金が廃止され、一般財源化されて以降も、中程度の障害児の受け入れ園数や人数は増加していましたが、最近5年程度はほぼ横ばいです。2010年度は、7221ヵ所（公営3971）、1万1080人、全国の保育所数の31.3％、入所児数の0.53％に当たります。

　一方で軽度の障害児は2007年に地方交付税算定対象となって以降、受け入れが急増し、従来の中程度の障害児と合わせた受け入れ数は、2010年度には1万3950ヵ所（公営7560）、4万5369人まで増加しています。これは、全国の保育所数の60.5％、入所児数の2.18％に当たります。中程度の障害児の受け入れ率はこの10年間でほぼ横ばいですが、軽度の障害児はこの5年間で約1.5倍も増加しています。

　全国の状況でみると軽度の障害児を中心に受け入れは増加しています

が、都道府県別にみると国の障害児保育事業実施率は、中程度の障害で数％から50％まで、軽度では30％から80％までと依然として大きな地域間格差が浮き彫りになっています。事業の補助金が廃止され一般財源化されることは、障害児保育が市町村の裁量と責任で行う事業になったことを意味します。障害児を保育する人件費への国からの財源保障は限られ、十分な保育士加配ができない実態があります。障害児保育を円滑にすすめるためには、都道府県や市町村が独自に人件費を上乗せする必要があり、保育所の運営に責任をもつ市町村の財政負担が大きく、それが可能な市町村とできない市町村の間の格差が広がっていくのです。

さらに国の障害児保育制度の見直しに加えて、都道府県独自の障害児保育制度においても、財政難を理由に補助対象の縮小や補助額の削減をする自治体が相次いでいます。そのため保育所の実施主体である市町村では、国と都道府県からの財政的補助が削減されることにより保育所関係予算が削減され、保育施策や保育条件の後退を余儀なくされています。

市町村独自の障害児保育制度の場合、就労などの理由で入所している障害のある子ども、とりわけ3歳未満児が保育士加配の対象外とされたり、発達の遅れの少ない発達障害児や障害の診断のついていない子どもが対象外とされることが多くあります。障害児保育施策の対象児の拡大や保育時間に対応した補助額の増額など、事業内容を充実させることこそ急務です。そして自治体間の格差が生じることなく全国一律に障害児保育が実施できるように国が十分な財源保障をするとともに、都道府県や市町村が地域に見合った制度をつくることが求められます。

2．障害児の入所のしくみ

(1) 自治体での位置づけ

　自治体の障害乳幼児施策の中での保育所の役割は、①障害や発達上の課題のある子どもの発達を保障する役割、②障害児の保護者の就労保障や家族支援、③療育システムの一貫としての障害児の保育機関、に整理できます。

　児童発達支援センターや児童発達支援事業など障害児の専門施設がある地域では、早期療育を受けた後の集団の場として保育所が位置づく場合がありますが、保育所が障害児の唯一の受け皿である地域も全国には多数存在します。また「障害のない子どもと一緒の保育」を目的として保育所を障害児の受け皿にしている地域もあります。それぞれの地域での専門療育機関の有無や定員、通園対象年齢や障害の状況、通園回数など、障害乳幼児施策の基盤になる療育機関の整備状況やシステムのちがいによって、保育所での障害児保育の位置づけや対象が変わってきます。

(2) 保育所入所のしくみ

　保育所の入所の手続きは、2014年度に施行された子ども・子育て支援法によって、全国共通の認定制度が導入されました。入所申込書を市町村に提出し、市町村において保育の必要性と必要量が認定され、保育の実施が決められます。保育の必要性の基準となる事項と必要量は、子ども・子育て支援法施行規則に定められており、保護者の就労の状況（仕事の有無だけでなく形態や就労時間など）のほか、家族の病気や介護、出産などの家庭事情で養育ができない状態に該当するかどうか、加え

て、児童虐待のおそれなどが列挙されています。最後に「市町村が認める事由」という条項がおかれています。

　新制度が始まるにあたって、保護者の要件だけでなく、障害がある場合など子どもの側からみた「保育の必要性」が加えられることが期待されましたが、実現しませんでした。したがって、「市町村が認める事由」という条項に依拠して、独自に「障害があること」を認定要件と定めたり、基準を弾力的に運用し、保育所における障害児保育を実施しています。市町村の意思に任されているという現実に変更はありません。

　各市町村での障害児の受け入れや入所のしくみなどの障害児保育制度については、地域の保健師や児童発達支援センターの職員、福祉事務所の保育所を担当する窓口に問い合わせるとよいでしょう。

　市町村での障害児の受け入れの制度は、次のような点がポイントになります。①入所の際の、医療機関や保健センター、児童発達支援センターなどの専門施設などとの連携、専門職を含めた協議の有無、②障害児保育が要綱などに基づいて制度化されているか、③保育の必要性の認定基準、④入所要件（障害のあることが認定事由になるか）、⑤保育士加配基準、⑥施設設備、⑦職員研修、⑧専門職による巡回相談、⑨障害児をもつ父母や家族の交流と学習の実施、⑩保健師や看護師の配置、医療的ケアの実施状況など。

　障害児保育の対象となる子どもについては、障害者手帳や特別児童扶養手当の支給対象に限定しているところや公的機関での診断を求めているところのほか、市町村独自に判断するなど、対象やその認定基準も市町村によって異なります。また年齢や障害の程度に基準を設けていることもあります。どういう子どもを受け入れるのかは自治体によって異なります。

　障害児の専門施設がある地域では、早期療育を受けた上で３歳児クラ

ス以降に入所することが多いのですが、両親が就労していたり、家庭事情によっては療育を経ずに低年齢から入所することが増えています。

　保育所における保育士配置の国の最低基準は、0歳児3対1、1・2歳児6対1、3歳児20対1、4歳児以上30対1と定められています。そのうえで、保育にあたる職員の数やクラスの定員や施設設備などの保育条件は自治体や保育所によって異なります。障害児の受け入れにあたって市町村独自に保育士の加配をしている市町村もみられます。厚労省の「1998年地域児童福祉事業等調査」では、障害児3人に1人の保育士加配が最も多くなっていますが、現状としては1対1から4対1以上まで自治体によってさまざまな基準を設けています。また、障害児が入所しても加配が付かないままで保育を進めている自治体や保育所もたくさんあります。保育所に入所してからどのような集団で保育をするか、毎日の日課や保育の進めかたなどは各保育所によって工夫されています。障害児の保育時間は制限を設けている保育所から、早朝から夜間まで長時間対応しているところまで施策は異なります。

(3) 入所している障害児や家族の変化

　保育所にはさまざまな障害の種類や発達の子どもが入所しています。1970年代から全国的に障害の早期発見と早期対応が取り組まれるようになり、障害児療育の専門施設では、通園する子どもの障害の重度化、多様化、低年齢化が進み、療育の対象が重症心身障害児から障害が確定されていない「気になる子」までに幅が広くなりました。保育所も同様の傾向にあります。また、医療の発展のなかで重症児が在宅医療を受けるようになり、医療的ケアの必要な子どもが保育所に入所する場合もあります。集団の中でかかわりの難しいLDやADHDの疑い、広汎性発達障害など発達障害の子どもが増加しているため、国も障害児保育事業の対

象を軽度や発達障害児までに拡大した経緯があります。

　一方で、障害とまではいえないものの、落ち着きがない、友だちとあそべない、身体がかたい・ぎこちない、意欲が乏しい、衝動的、情緒的に不安定など、特別な配慮や手だての必要な「気になる子」がここ30年来増加しているといわれ、保育を進める上で軽視できません。

　こうした子どもの実態の変化によりクラス集団の質が変わります。保育所では子どもや子ども集団の変化に合わせて保育内容や手だてなど集団づくりの課題を見直しながら実践をすすめる必要があります。

　また、保護者の家族状況や就労状況も多様化しています。ひとり親家庭や祖父母が子どもをみている家庭も少なくありません。就労形態の多様化や不安定化により、早朝から夜間までの長時間保育や休日保育を受ける子どもも増加しています。厳しい経済状況のなかで働きにでる障害児の母親も年々増加しています。保育所の待機児の増加は社会問題化しており、こうした状況のもとで障害児の待機も増加し障害乳幼児施策のなかで深刻な問題になっています。

　保育所では早期からの専門療育を受けた子どものつぎの集団生活の場としての入所だけでなく、保護者の就労を理由とする入所が年々増加し、同時に低年齢化・重度化しています。さらに虐待が疑われる子どもや精神面でのサポートの必要な保護者のなど、深刻な課題をかかえる家族の増加などにより、子どもと家庭の両者を総合的に支援していく必要性のあるケースが増加しています。こした子どもの変化とその地域での保護者の保育ニーズに合わせて地域の障害児保育制度そのものを見直していく必要があります。

3. 専門施設との連携

　障害乳幼児のための保育・療育は、児童発達支援センターなど障害児の専門施設によるものと、保育所や幼稚園の健常児集団のなかでの統合保育に分かれます。保育所は障害児のための専門施設ではありませんが、それぞれの施設は実践の特徴があります。お互いに連携しあいながら、保護者と保育所と関係機関が手をつないで子どもの育ちを図り、就学への橋渡しをしていくことが求められます。

(1) 入所にあたっての協議

　まず入所にあたっては早期対応・療育の発展として保育所が位置づくように、保健センターや医療・療育などの専門機関と保護者が子どもにとってどういう集団や保育内容が求められるのかを考えながら、入所について十分に話し合う必要があります。また保育所受け入れにあたっては、専門家も交えながら保育所の集団での保育が子どもの発達にプラスになるかどうか入所の協議をすることが重要です。

　受け入れにあたっては、子どもの生育歴や経過、医療やリハビリや保育上の課題、保護者の思いなどを関係機関から事前に把握し、また保護者の子育ての歴史や苦労に学び、入所にあたっての人的・施設的条件や入所後の課題や配慮について検討します。専門施設に通っていた場合は施設での療育経験が生かされ、保育所でのスタートがうまくきれるようにしていくことが重要です。入所にあたって保護者や専門機関からこうした情報が得られればよいのですが、難しい場合は入所してから地域の専門家に相談できるシステムをつくっておくことが求められます。

（2）専門施設との併行通園

　保育所は障害児の専門施設ではないために、保育所に通いながら定期的にリハビリテーションや療育の機関にも通園する併行通園が以前から行われてきました。脳性まひ児へのリハビリテーション、難聴児の聴能訓練やコミュニケーション指導などは専門機関で継続しつつ、保育所で生活する場合が多いものです。

　また保育所と児童発達支援センターなどの専門施設との併行通園を行っている地域もあります。国の制度では、1998年に保育所と通園施設との併行通園が制度化されました（厚生省通知「保育所に入所している障害をもつ児童の専門的な治療・訓練を障害児施設で実施する場合の取扱について」）。また、これとは別に視覚特別支援学校・聴覚特別支援学校幼稚部との併行通園もさかんに取り組まれています。

（3）保育所にたいする巡回相談

　国や自治体の障害児保育が制度化されてしばらくすると、心理専門職による障害児の保護者や保育所への相談を実施する自治体がみられはじめました。全国でも少しずつ増加しています。

　保育所に入所する障害児の保護者や保育実践への支援が注目され、自治体の実施している巡回相談に活用できる国の補助事業も行われるようになってきました。厚労省管轄では、障害者総合支援法の地域生活支援事業のメニューとして障害児支援体制整備事業（児童発達支援センター等の専門職が巡回して必要な助言・指導を行う）や巡回支援専門員整備事業（障害が「気になる」段階からの支援を目的として保育所等を巡回して助言・指導を行う）が、さらに児童福祉法の保育所等訪問支援事業などがあります。文部科学省管轄では、特別支援学校の特別支援教育コ

ーディネーターによる地域支援があります。

しかし、メニューは増えてはいるものの、保育所の実践と保護者にとって本当に使いやすいしくみであるかというと、さまざまな課題があります。たとえば、保育所等訪問支援事業は、2012年4月からの改正児童福祉法の障害児通所支援に位置づけられた新しい制度です（図3、140ページ参照）。地域の障害児と家族を支援する機能を強化することを目的として児童発達支援センターなどの専門施設から保育所に出向いて障害児の支援を行うしくみです。この事業が従来の巡回相談などと決定的に異なる点は、保護者が市町村に申請をして利用するための「支給決定」を受けてから始まるもので、保育所からの依頼に応える趣旨ではないという点です。当該児への支援が目的なので、ほかの「気になる子」についての相談は対象外となっています。

保育所の巡回相談は、福祉事務所、保健センターや児童発達支援センターの心理職、理学療法士、作業療法士、言語聴覚士、医師、保健師、指導員など多職種が関わっており、自治体によっては専門職のチームで相談に応じているところもあります。国の巡回相談にかかわる事業が財政の規模や実施対象、内容などの点でさまざまで、実施箇所数は限られているなか、保育所に対する巡回相談の圧倒的多数は自治体独自に工夫して行われているのです。

保育をすすめるうえで、あるいは就学を考えるにあたって、医療や発達、リハビリテーションなどの専門職から子どもの障害や発達の捉え方や指導について助言を受け、療育機関や医療機関などと連携を図りながら手だてを考え、保育実践や保護者の相談に生かすことが大切です。

障害が明らかな場合や専門施設に通っていた場合は保育所に入所前に障害が把握されていますが、低年齢から入所したり、発達障害や障害が軽い場合は、入所後に障害が顕在化したり把握されることがあります。

その場合は、保育所と保護者がよく話し合い、さらに専門家に相談するなどして、子どもの発達課題と対応を一緒に考えていくことが重要です。巡回相談とあわせて職員研修や実践交流などは実践を進める上で欠かせません。今後、これまで保育所や保護者のニーズや要望にもとづいて自治体が独自につくりだした巡回相談の方法と、上記の国の制度としての巡回相談施策をどうかみ合わせるか検討が求められ、それぞれの地域の実態やニーズに合った巡回相談の制度をあらたにきずいていく必要があります。

(4) 保護者の学習と交流の機会の保障

保護者の相談や親どうしの交流と学習の保障は、障害や発達の理解をすすめ将来の見通しをもつことや、保護者が主体的に子育てできるようになるために大切な課題です。

保育所の障害児の保護者の交流の場をもったり学習会を開くなど保護者への取り組みを進めている市町村や保育所もあります。保育所内で障害児の親集団が保障されにくい場合は児童発達支援センターなどの専門施設や地域の親の会などと連携して交流や学習の機会を保障している地域もあります。地域のなかでの親どうしのネットワークを乳幼児期からつくっておくことは重要な課題です。

4．制度と実践の発展のために

(1) 障害児保育制度の課題

今日、子どもや障害のある人たちをとりまく社会的背景や情勢は変化し、保育・教育や福祉、保健などの制度は転換期にあります。国や都道府県の施策の転換や市町村合併などにより、自治体の障害乳幼児施策や

子育て支援施策が大きく変化しつつあります。子ども・子育て支援法の施行により、保育所、幼稚園、認定こども園（4類型）のほか、市町村が認可する小規模保育事業など、乳幼児の保育の場はいっそう多様で複雑になっています。これらの「多様な場」は、保育所の待機児対策を眼目としたものですが、結果として、児童発達支援センターや保育所などの施設以外、すなわちこうした「多様な場」で生活する障害児も増加しています。

　保育室の面積や職員配置などの国の最低基準が自治体任せされています。さらに、保育所を運営するための予算は年々削減されています。とりわけ公立保育所の運営費が一般財源化されたため、市町村は財政負担を少しでも減らそうと、全国で公立保育所の民営化が進んでいます。こうした障害児保育の基盤になる保育所保育制度の後退により、保育条件の低下が進行しています。そのようなもとで、保育所は、子どもの生活の質を高めるための保育施策を創造することと、障害児保育制度を充実させる取り組みとを意図的に統一してすすめていく必要があります。

　児童福祉法第3条には、児童福祉における「国及び地方公共団体の責務」が明記されています。保育所が障害児の発達保障と保護者の就労保障の両者を実現する責務を果たすためには、障害児の受け入れ数の増や対象の拡大が緊急の課題です。そして受け入れにあたって保育士加配や施設整備などの保育条件の改善や、実践充実のための巡回相談の実施や研修の保障などが不可欠です。さらに、障害児保育実践では、子どもに合わせた取り組みを総合的に集団的に進めていけるよう、保育にあたる職員の専門性を高めるとともに、長年継続して取り組めるような職員の配置や雇用形態も重視される必要があります。そうした条件整備をとおして、障害児が全国どこに住んでいようと高い質の保育を受けられるよう、公的な保育制度を確立していくことをめざす必要があります。

（2）地域の療育システムを発展させる課題

　地域のなかで保育所が、障害の早期発見・早期療育の発展のもとに位置づくように、地域に親子教室や児童発達支援事業など療育の場をつくることも視野に入れる必要があります。保育所が障害児を預かる場としてだけでなく、発達保障の場として障害児の特別な教育的ニーズに応えるためには、専門施設と障害児保育制度のそれぞれが特徴を生かし連携しつつ、互いに高めあう療育システムをつくることが重要です。

　そして保育所における障害児保育の制約をも認識しつつ、地域の実態にあった障害児保育制度を発展させる必要があります。また各自治体では療育システムのなかで求められる障害児保育の役割を検討し、条件の整備やどのような質の保育が必要かを吟味しなければなりません。

　そして保育所における障害児保育の専門性を高めつつ、保育実践を進め、関係機関と連携しながら障害や発達、生活、家庭支援などを総合的にとらえた保育所保育全体の質的な向上を図ることが求められます。

（藤上真由美）

【参考文献】
保育研究所編『子ども・子育て支援新制度―活用・改善ハンドブック』ちいさいなかま社、2015

全国保育団体連絡会・保育研究所編『保育白書』ちいさいなかま社、毎年発行

保育研究所『月刊保育情報』保育研究所、毎月発行

学習課題

1．住んでいる地域の障害乳幼児対策と保育所における障害児保育制度について調べてみよう。
2．障害児の専門施設と保育所との、集団編成や保育条件の違いについてまとめ、それぞれの施設の実践上の優位性と困難性について討論し、制度や実践上の課題を討論しよう。
3．保育所での障害児保育の専門性を高めるためにどんなことをしたらよいか、考えてまとめてみよう。

III 障害乳幼児のための保育・療育施設

1. 子どもと保護者・家族がホッとできる場

　何らかの障害やそのおそれのある子どもたちが、医療機関、乳幼児健診やその後の経過観察健診、子育て相談などから紹介される場に、療育施設（専門施設）があります。児童福祉法に規定された児童発達支援センター、児童発達支援事業（**図２**、140ページ参照）、学校教育法に規定された特別支援学校幼稚部のほか、自治体の実情にあわせて実施している事業（たとえば「親子教室」や「子育て教室」などの名称）などがこれにあたります。それぞれの施設・事業が対象とする子どもの障害や年齢、施設設備や職員数、職種、利用できる地域、基盤となる法律には違いがありますが、1980年代以降、「どこに住んでいても、子どもに必要な療育を受けさせたい」という保護者や関係者の声が高まり、地域の社会資源として開設されたり、充実が図られています。

　しかし、義務教育である小中学校・特別支援学校のように設置基準や責任が明確にされていないため、保育所や幼稚園のように毎日通えて設備や職員が整った施設となると、主だった都市部以外ではまだまだ数が限られています。

　こうした療育の場を紹介される保護者の中には、子どもの育ちに対して何らかの不安を感じている場合もありますが、子育ての難しさ（偏食

や夜泣き、目が離せない、言うことを聞かない、身辺自立が進まないなど）を感じつつも、「忙しくて関わってあげられなかったから」と自分を責めたり、「まだ小さいのだし、もう少し大きくなれば…」といった期待を抱いて、なかなか相談への一歩が踏み出せずにいる場合もあります。また、療育の必要性を感じていても、他にきょうだいがいるなどの家庭の事情や通える場がさがせないなどで、利用に困難を抱えている場合もあります。

　そうした種々のハードルを乗り越えて、親子ともに緊張しながら見学し、利用に踏み切ったのち、そこでの子どもの変化に気づいたり、職員や他の保護者と話をするなかで、ようやく安心感が得られるようになります。

　何より大切なのは、療育の場が何かしらの困難、不安や悩みをもって来ている子どもと保護者・家族を温かく迎え入れ、ホッとできる場であることをわかってもらうことです。人は何かの不安があると、ひとつのできごとから、あれもこれもと心配が広がりやすく、療育への新しい一歩も、同時に将来への不安が伴っているはずです。そうした不安をわかってもらえる相手には、徐々に気持ちを開いていくことができます。不安を受けとめる側には、まずおおらかな気持ちと、保護者の子どもを大切に思う愛情への信頼と共感を欠くことのないようにしたいものです。

　職員も、だれもが最初からそうした親子を受けとめる専門性を身につけているわけではありません。職員自身、仕事に対する悩みや不安を抱え、それはたとえ経験を積んだとしても、すべてが解決できるものではありません。日々の仕事を職場の仲間と共同で進め、実践検討を行い、積極的に研修を受けることによって、仕事への自信や自覚、職員どうしの信頼関係が高められていきます。

　つづいて、それぞれの施設や制度について紹介します。

2．親子教室

　障害の早期発見にかかわる乳幼児健診（母子保健施策）から専門施設や保育所等での保育・療育にいたる一貫した支援が地域で保障されるようにすすめられている施策を「地域療育システム」と呼びます。それぞれの地域の療育システムによって役割や機能に違いもありますが、「親子教室」は、専門施設や保育所・幼稚園に通う前に、子どもと保護者がはじめて経験する集団の場で、障害の診断を受けていなくても利用できるのが特徴です。全国共通の制度ではなく、多くの場合が自治体が工夫して運営しており、乳幼児健診の事後指導教室として開設されているところもあれば、もっと広範囲の子どもを対象とした「つどいのひろば」などの子育て支援事業の一環として行われているところもあります。

　多くの教室は、月1回から多くて週1～2回、1回の時間は1～2時間程度、通う期間も、3ヵ月、半年、1年とさまざまです。

　親子教室の役割は、まず子どもにとって楽しくあそべ、保護者にとって気兼ねなく過ごせることから始まります。短い時間であっても、まわりに目を向けたり、うたに耳を傾けたり、自分から身体を動かし、玩具に手を伸ばすといった、発達の土台となる感覚や運動機能をはたらかせることが、「オモシロイ」「ヤッテミタイ」という気持ちを育てます。慣れない空間や雰囲気は、はじめこそ子どもにとって不安に感じられますが、それを保護者と一緒に乗り越えていくことは、あらためて親を求め、親子のコミュニケーションを深めることにもなります。

　あそびの内容も、家ではできないあそび（空間的に大きく、高く、広く。内容的には紙やぶり、水や泥、粗大遊具、うたリズムや体操など）を集団で取り組むことで、子ども自身の期待を高めます。自ら動き回っ

て、感覚運動あそびに入りやすい子どもたちも、徐々にあそびのなかに興味の対象を見出していくようになります。

　そうして教室に慣れてくると、あそびを楽しむだけでなく、普段の日常生活に近いところで何ができるか（靴の脱ぎはきやノートの手渡し、家での食器運びなどのお手伝い）を見つけて、子どもの力が発揮しやすいような、やりたい気持ちが生活のひとこまひとこまで発揮できるような手だてづくりが始まります。

　1歳6ヵ月児健診後の親子教室の子どもたちは、「大人と同じようにしたい」という思いはあっても、まだ行動のプロセスをとらえることは難しく、また1歳半の発達の力の獲得が十分でない場合は行動とその結果を結びつけることが弱くなり、よけいにまわりからの刺激に振り回されやすくなります。そうした子どもたちに、生活の流れのなかで自分でできることをつくってあげることは、気持ちと行動を結びつけ、うれしい思いを伝え合う場面を増やすばかりでなく、大人の生活に参加できるチャンスを膨らませることにもつながります。

　この時期の子育てをしている保護者のなかには、「言葉がおそい」「言葉を増やすためのノウハウを得たい」という切実な思いがあります。こうした思いを「発達にハウツーはない」と否定するのでは共感は得られません。どうしても子どものできなさへ意識が傾きやすい保護者と、さまざまな場面で子どもができることは何かを一緒に探し、保護者自身がそれを発見できる喜びを得て、子育ての主体者になれるような援助につなげたいものです。

　そうして教室を経験することで、まず子ども自身が「行きたい」という思いをもつことでしょう。家のカレンダーにも丸をつけ、連絡ノートや持ち物を用意して通うこと自体が日常と違った見通しとアクセントをつくることになります。さらに教室内や行き帰りでの新たな体験や出会

い、発見が社会性を広げるチャンスにもなります。こうして家庭とは別の居場所をつくることが子育ち、子育てを支える一歩になります。

3．専門施設
―児童発達支援センター・児童発達支援事業、特別支援学校幼稚部

乳幼児期に通う場のうち、障害のある子どもの集団にたいして障害に対応した保育や療育を提供する専門施設として、児童発達支援センター（医療型を含む）・児童発達支援事業（いずれも児童福祉法）と特別支援学校幼稚部（学校教育法）があります。

(1) 制　度

「児童発達支援」と聞くと、すべての子どもの支援ではないかと思いますが、児童福祉法には「障害児」にたいする支援であると規定されています（児童福祉法第6条）。「児童発達支援」とは支援内容を示し、それを実施する「センター」と「事業」はその支援を提供する場を意味しています。そこに通所して子どもと家族に支援を提供することを共通の機能として、「センター」には「施設の有する専門機能を活かし、地域の障害児やその家族への相談、障害児を預かる施設への援助・助言を合わせて行うなど、地域の中核的な療育支援施設」（厚生労働省）としての機能が加わります。また児童発達支援センターというのはあくまでも法律上の名称です。実際には、「○○園」や「発達支援センター○○」などの固有の施設名が使われています。

　図2（140ページ）からもわかるように、「児童発達支援」が地域療育において提供される中心的な支援であり、子どもと親がそこにいかに早期に、そして手軽にアクセスでき、豊かな内容が保障されるかがカギだ

といえます。

　児童発達支援センターも事業も、医師の診断のもとに行う理学療法や言語訓練などを伴う療育を除けば、どんな障害でも受け入れることが原則です（障害を特定することも可能）。

　定員は1日10名以上で、利用するのに年齢制限はありませんが、「センター」の場合はおおむね3歳児としているところが多いようです。3歳で通園を開始する場合、乳幼児健診後の経過観察や「親子教室」を経て、利用にいたる経過をたどる子どもが一般的です。そのほか、親の就労等の理由で0、1歳から保育所に通っていた子どもに障害がわかり、専門施設への移ることもあります。また、就学まで通いつづける場合もありますが、4歳児、5歳児から保育所や幼稚園へ通う、週のうち何日かは保育所に通う（並行通園）という場合もあります。いずれも、保護者の意向を十分に把握するとともに、どのような通園の形態であろうと、就学まで療育機関等による支援が継続されることが大切です。

　児童福祉法にもとづく児童発達支援センターの設備と職員の基準を**表1**に示します。知的障害・身体障害・発達障害のいずれにも対応することが求められていますが、職員配置等の指定基準は、旧来の知的障害児通園施設と難聴幼児通園施設の基準を踏襲したもので、子ども4人にたいして、保育士・児童指導員1人という直接処遇職員の配置です。「児童発達支援センターを中核とした地域支援体制の強化」（140ページ）という目的に不可欠である地域支援の職員は基準にはありません。**図4**にあるような、プラスアルファーの「支援」のために職員を配置している施設には、その実績に応じた費用が支払われることになっています。障害種別をこえた施設にするのであれば、そのために必要な職員基準を引き上げ充実させてほしいという保護者・関係者の期待に反した現実にとどまっています。

表1 児童発達支援センターの最低基準（指定基準）

・共通的な設備、生活に不可欠な設備、生命・健康維持に最低限必要な設備について現行を踏まえ規定するほか、屋外遊技場の基準を緩和するなど、どの障害も受け入れられるよう、代替できるもの等はできる限り簡素化。

設備基準

設備	内容
指導訓練室	・定員：おおむね10人 ・障害児1人当たりの床面積：2.47㎡以上 ※主たる対象者が難聴の場合は、定員及び床面積の要件は適用しない。
遊戯室	・障害児1人当たりの床面積：1.65㎡以上 ※主たる対象者が難聴の場合は、床面積の要件は適用しない。
その他	医務室、相談室、調理室、便所、屋外遊戯場（児童発達支援センターの付近にある屋外遊戯場に代わるべき場所を含む。）その他、支援の提供に必要な設備及び備品等を備えること。 ただし、主たる対象とする障害を知的障害とする場合には、静養室を、主たる対象とする障害を難聴とする場合は、聴力検査室を設けること

人事基準

職種	員数等
嘱託数	1人以上
児童指導員及び保育士	・総数：通じて障害児の数を4で除して得た数以上 ・児童指導員：1人以上 ・保育士：1人以上
栄養士	1人以上
調理員	1人以上
その他、必要な職員	日常生活を営むのに必要な機能訓練等を行う場合 ただし、主たる対象とする障害が難聴の場合は、 聴能訓練担当職員：2人以上 言語機能訓練担当職員：2人以上
児童発達支援管理責任者	1人以上 （業務に支障がない場合は他の職務との兼務可）

○センターと事業の違い

○センター、事業どちらも、通所利用の障害児やその家族に対する支援を行うことは「共通」とし、
・「センター」は、施設の有する専門機能を活かし、地域の障害児やその家族への相談、障害児を預かる施設への援助・助言を合わせて行うなど、地域の中核的な療育施設
・「事業」は、専ら利用障害児やその家族に対する支援を行う身近な療育の場

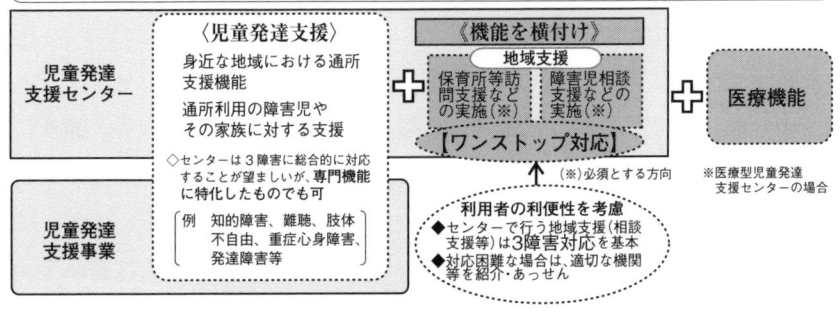

児童発達支援センター

〈児童発達支援〉
身近な地域における通所支援機能
通所利用の障害児やその家族に対する支援
◇センターは3障害に総合的に対応することが望ましいが、専門機能に特化したものでも可
例 知的障害、難聴、肢体不自由、重症心身障害、発達障害

児童発達支援事業

＋

《機能を横付け》
地域支援
保育所等訪問支援などの実施（※） ／ 障害児相談支援などの実施（※）
【ワンストップ対応】
↑ （※）必須とする方向
利用者の利便性を考慮
◆センターで行う地域支援（相談支援等）は3障害対応を基本
◆対応困難な場合は、適切な機関等を紹介・あっせん

＋

医療機能

※医療型児童発達支援センターの場合

図4　児童発達支援センターの機能

Ⅲ　障害乳幼児のための保育・療育施設

「児童発達支援管理責任者」という保育所等にはない名称の職員が廃止されているのが特徴です。この職種は、「利用障害児に対して、個別支援計画に基づき計画的かつ効果的な支援を提供する」（厚生労働省）と説明されています。日々の療育内容や保護者の声を受けとめつつ、地域の他の社会資源とも結びついていくためのキーパーソンといえる職種で、担当者は実務経験や指定された研修を受ける必要があります。

　児童発達支援に医療機能を付加した施設が、「医療型児童発達支援センター」です。医療型センターには、脳性マヒや難治性てんかん、ダウン症などの染色体異常がある場合など、出生後、医療機関で早期に障害の診断がされた子どもたちが、0、1歳から利用します。発達遅滞の子どもの場合も0、1歳台の乳幼児健診から紹介され、比較的低年齢のうちに利用が始まります。保育所との並行通園児が多いのも特徴です。また、医療の進歩に伴い気管切開や人工呼吸器を使用した状態で在宅生活を送る子どもが増加し、その療育を「医療型センター」が担うようになっています。

　「医療型センター」には、リハビリや医療的ケアに対応できるよう医師、理学療法士、作業療法士、言語聴覚士、看護師、保育士、栄養士などの多職種がチームを組み指導にあたっていますが、乳幼児期に大切なあそびなどの活動を展開する職員の配置は十分ではありません（本書3章Ⅵ参照）。毎日通えて、ゆっくりとした日課の中で、子どもの中に「やってみよう」という意欲を育てるためには、保育士の配置が欠かせません。また、施設数が不足しているため、療育を受けるのに何時間もかけて通わざるを得ないという地域がたくさんある現状を改善する必要があります。

　ここまでに述べた児童発達支援の諸施設・事業をはじめとした、障害児通所支援の制度を利用するためには、「障害児相談支援」という手続

第4章 障害児保育の現状と課題

> (法) 市町村は、必要と認められる場合として省令で定める場合には、指定を受けた特定相談支援事業者が作成するサービス等利用計画案の提出を求め、これを勘案して支給決定を行う。
> ＊上記の計画案に代えて、指定特定相談支援事業者以外が作成する計画案（セルフプラン）提出可。
> ＊特定相談支援事業者の指定は、総合的な相談支援を行う者として省令で定める基準に該当する者について、市町村が指定する。
> ＊サービス等利用計画作成対象者を拡大する。
>
> (法) 支給決定時のサービス等利用計画の作成、及び支給決定後のサービス等利用計画の見直し（モニタリング）について、計画相談支援給付費を支給する。
>
> (法) 障害児についても、新たに児童福祉法に基づき、市町村が指定する指定障害児相談支援事業者が、通所サービスの利用に係る障害児支援利用計画（障害者のサービス等利用計画に相当）を作成する。
> ＊障害児の居宅介護等の居宅サービスについては、障害者自立支援法に基づき、「指定特定相談支援事業者」がサービス等利用計画を作成。（障害児に係る計画は、同一事業者が一体的（通所・居宅）に作成することを想定）
>
> (法) とあるものは法律に規定されている事項。以下同じ。

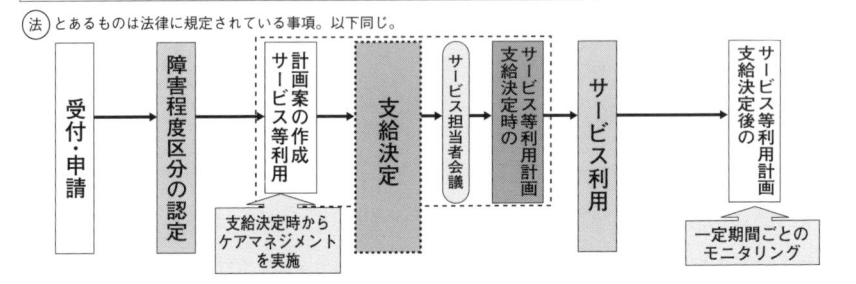

図5　障害児通所支援を利用するまでの手続き

きをふむことが必要です（**図5**）。2012年児童福祉法改正によって新設された事業です。

利用を希望する保護者は、まず市町村窓口で障害児支援利用計画案提出依頼書を受け取り、障害児相談支援事業所を選択、利用契約を交わし、利用計画案を作成してもらいます。これを市町村へ提出し、支給決定された上で、本人家族や関係者によるサービス担当者会議を経て利用計画書が決定され、通所支援事業所と契約、利用が開始されます。利用開始後、相談支援事業所は定期的に本人家族や通所支援事業所への状況の聞き取りを行い、記録を作成し必要があれば計画の変更を行います。

こうしたプロセスは、障害者総合支援法の障害福祉サービスの利用と同じものとなっていて、乳幼児や障害受容期にあたる保護者への配慮は

何もありません。相談支援事業所との契約や事前の利用計画案の作成などは利用のハードルが高いといわざるをえません。その上、子どもの障害や発達、家庭の状況を把握するのは障害児相談支援事業所であり、市町村の窓口は書類を見て受給者証を発行して、事業所の一覧を渡す（紹介）だけで済ませることも可能で、直接子どもと保護者のねがい（ニーズ）に接する機会が減らされています。子どもと保護者の状況を把握することにおいても、自治体間格差が生じます。

このため、保護者も各事業所情報に敏感にこそなれ、保護者どうしが力を合わせて制度の充実を求める運動を行うことが難しくさせられています。乳幼児期の実態に応じた制度への転換が課題だといえましょう。

ここまでは、児童福祉法、すなわち福祉分野の乳幼児期の専門施設とその利用でしたが、最後の特別支援学校幼稚部は学校教育法にもとづく専門施設です。特別支援学校といっても、幼稚部を設置しているのは、主として視覚特別支援学校（盲学校）と聴覚特別支援学校（ろう学校）です。原則として、3歳児、4歳児、5歳児から入園できます。障害が早期に発見されるようになり、早期からの療育を望む声に押されて、「教育相談」という名称で、3〜4歳以前の子どもに対して週数回程度の指導を行う学校もあります。いずれも専門性の高い指導が行われ、また子どもを育てる上での保護者どうしの交流もさかんです（第3章Ⅳ、Ⅴ参照）。しかし、視覚特別支援学校も聴覚特別支援学校も、1〜3校程度しかない県がほとんどですから、幼少の子どもと通うには、時間や費用の点で負担が大きいという問題が長年解決されていません。学校機能の「出前・サテライト方式」などの実践も試みられており、そうしたところから学ぶことも大切でしょう。

(2) 療育内容

①ゆったりと子どもの生活をつくる

　専門施設の療育で大切にしていることは子どもの生活づくりです。子ども自身が日々期待に胸をふくらませて登園し、心とからだを十分に使って得られる心地よさを満喫することで、自らの生活の主人公になっていくことを促します。入園当初は環境の変化に不安を示す子どもも、快と感じる居場所や好きなあそびを見つけることができると、しだいに外へ目を向け心を開くようになります。「～がしたい」と自ら要求をもつようになると、まわりの人や物をよくとらえるようになります。自分でやってみる手ごたえが得られると、もっともっとと積極的になり、新たなことにも自分から挑戦するようになりますし、友だちの存在が気にかかるようになります。こうした、子ども自身の発達のねがいを育てるなかで、ねがいの達成を妨げている障害が明らかになり、どのような配慮が必要か、一人ひとりへのアプローチを考えることができます。

　そのためにも、ゆったりと見通しのもちやすいデイリープログラムが組まれています。通園バスや保護者による送迎で10時頃までに登園し、午前中は自由あそびや設定あそびを行い、給食、午睡、おやつや自由あそびのあと3時頃降園します。一つひとつの取り組みは、子どもを追い立てることのないよう、たっぷり時間をかけて進められます。

　給食を通じて、個々の子どもに応じた食事指導ができることも大切です。保育所では「園生活に慣れる」ことが目標になりますが、専門施設では摂食障害や偏食がある子どもに対し、子ども自身ができる活動は何か、食べられるものは何かを探りながら、さまざまなアプローチを組み立てることができます。

　クラス集団も、子どもの年齢や障害、発達に応じて、子ども集団5～

10人程度に対して職員2〜3人のクラス編成が行われています。先に見たように、国の基準は児童発達支援センターの場合、子ども4人に職員（保育士、児童指導員）1人、医療型児童発達支援センターでは子ども10人に1人（保育士、児童指導員）、児童発達支援事業は子ども10人に2人（保育士、指導員）となっていますが、ほとんどの施設が基準以上の職員を配置しています。配置基準の厳しさから、親子通園・親子保育（多くは母子）を実施して人手不足を補っている事業所もあります。親子通園は低年齢の時期に子どもの見方や発達について理解したり、子育てに自信を得るという意義がありますが、人手不足を補う手段としてはなりません。保護者の負担軽減に配慮し、親子ともの精神的自立を目標に、母子分離保育への見通しをたしかなものにしていきたいものです。

②複数の職員の眼で子どもを多面的にとらえる

　専門施設では、日常的に各職員が子どもを多面的にとらえ、子どもの本質的な問題や課題を確認できるメリットがあります。子どもが何かの活動に困難な際、ただ単に声かけを増やしたり、同じ課題を繰り返し練習させるといった対応では、職員も子どもも見通しがもてません。子どものつまずきの原因を探り、子ども自身がつまずきを乗り越えていこうと見通せるような手立てを考えていくためには、複数の職員の眼、なるべくならば多職種による検討が必要です。この検討が確信をもって療育にあたることのできる職員集団をきずいていきます。

　保護者にとっても、子どもの障害を理解し受容することや子育ての見通しをもつ上で、親集団があることは重要です。また、学習会や親の会活動を通じて保護者の育ちを促すことも取り組まれています。支えあう仲間があってこそ、目の前の問題にとらわれすぎることなく、親としての成長につながりますし、この時期に得られた結びつきは就学以降も続いていく心強いものとなります。

③専門性をいかした地域支援

　専門施設はもともと施設数が少ないため、療育が必要であっても利用しにくい状況にありました。安上がりを第一とする国の施策から、専門施設の新設や充実がおくれる一方、日常的に障害児が通える場を求める声が高まるにつれて、保育所・幼稚園での受入れが先行した経過があります。改正児童福祉法で「地域支援」が強調されている背景には、こうした実情があります。また、自閉症などの障害特性に応じた専門支援を実施する場の増加に伴い、保育所・幼稚園と専門施設を併行利用する子どもも増えつつあります。

　しかし、保育所・幼稚園では、基本的には障害児を健常児集団に適応させる方向で保育を組み立てるので、個々の子どもに応じた配慮が実施しにくい状況が多く見られます。障害のある子どもに「集団がよい刺激になる」ためには、そこに子ども自身の発達要求がしっかり組み込まれる必要があります。

　また、近年は多くの自治体で乳幼児健診受診児の5割近くが要経過観察児とされ、そうした子どもたちの多くに保育所入所や保育所での子育て支援事業（園庭開放等）が勧奨される傾向にあります。いわゆる「気になる子」が増加し、保育所・幼稚園の現場はその対応に追われています。こうした実態にたいして、これまでも保育所や幼稚園への専門施設や行政による巡回相談制度が効果を発揮してきました。こうした巡回相談の事業の財政的裏付けは、自治体裁量で実施する障害児支援体制整備事業や巡回支援専門員整備事業などの国の補助事業を活用して実施する場合と、自治体の単独事業として行う場合などがあります。いずれもどこの自治体でも実施しなければならないものではないために、地域格差が生じています。

　保育所等訪問支援は、地域で保育所・幼稚園等に通っている障害児へ

の専門的支援を目的とする事業です。しかし、上述した既存の事業とはさまざまな点で異なる性格をもっています（3章Ⅱ参照）。決定的な違いは、保護者が申請の手続きをしなければ利用できない点と保護者の費用負担が生じる点です。

　他方、障害児支援体制整備事業や巡回支援専門員整備事業の予算も不安定なことと、自治体が実施するかどうかは任意となっているために、あまねく活用はされていません。保育所等訪問支援はこれまでの自治体でつくりあげてきた保育所や幼稚園に対する独自の施策に取って代わるものではないので、子ども・保護者・現場のニーズに十分こたえられるよう、地域の実情に合った支援を築くための機関連携と調整機能がいっそう求められます。ここには公的役割が重要になっています。

（3）「支援」と当事者主体

　近年、福祉のさまざまな分野で「支援」という考え方が広がっています。ここには、従来の行政が一方的に決定していた福祉をあらため、当事者を主体とする、当事者の意思を尊重するという積極面がありますが、他方で、支援ということばを狭くとらえると、当事者自身が今感じている困難さのみ、つまり当事者が思っていることにのみ対応した支援に限定しまう恐れがあります。特に障害児の場合、本人が必要としている支援なのか、保護者が求める支援なのかの違いがありますし、その困難さが子どもの障害や発達による困難さなのか、家庭生活によるものなのか、社会的背景によるものなのか、実際は様々な要因が絡み合っています。何かの条件が変わればニーズも変化します。当事者の差し迫った問題の改善はもちろん必要ですが、それだけでは障害児（者）問題は解決されません。個々のニーズが社会的に明らかにされ、地域づくりや制度の充実によって、ニーズ自体が質的に変化するものととらえる見方が

必要です。

　全国的に見ると、乳幼児期に専門施設を利用しない障害児はたくさん存在します。しかしそれはニーズがないというわけでなく、近くに利用できる施設がないとか、利用できる療育や制度に関する情報が十分伝わっていないことによるものです。ニーズに基づき、利用できる施設や機能を充実させ、日本全国どこに住んでいても、どのような障害があっても、必要な療育や制度が受けられる諸条件の整備を進めれば、地域で豊かな発達と自立を支える基盤を厚くすることができます。

　障害者自立支援法（現、障害者総合支援法）が施行されて以来、福祉を利用することに費用を負担しなければならないというしくみは障害を自己の責任に帰すものだと異議が申し立てられ、司法の場にも訴えられました。この間、負担の額については修正が行われたものの、しくみそのものの変更はありません。また、障害者総合支援法のしくみは、児童福祉法内の障害児施策に共通するものです。

　「多様な実施主体の参入」が奨励される障害福祉分野において、ともすれば療育も営利目的の市場原理にゆだねられる危険性が迫っています。「障害特性に応じた個別指導」を看板にした療育の商品化は一時的な欲求を満たしこそすれ、発達保障を追求するシステム、実践とは相容れません。

　子どもが毎日安心して通うことができ、集団や専門的指導が十分受けられ、あそびと生活が満たされる保育・療育が保障されてはじめて、当事者が自分で選び、決めることができ、これこそが当事者主体といえます。どこで生まれたか、どこに住んでいるかで条件が限られてしまうような社会資源の充足状況では、障害児を育てることはいつまでも自己責任の枠から出られません。利用する側も、働く側も、ともにがまんや負担増が強いられるような矛盾を変えていく力量が、私たちに求められて

います。 　　　　　　　　　　　　　　　（海老原功・中村尚子）

参考文献

障害乳幼児の療育に応益負担を持ち込ませない会編『障害のある子どもと「子ども・子育て新システム」』全障研出版部、2011

こどもたちの保育・療育をよくする会編『療育ってええな！』かもがわ出版、2012

近藤直子、全国発達支援通園事業連絡協議会編著『笑顔がひろがる子育てと療育―発達支援の場を身近なところに』クリエイツかもがわ、2012

※児童発達支援センターなどで発行している年報なども入手して学習に役立てましょう。

【学習課題】

1．身近な地域にどのような施設があり、どのような療育が受けられるかまとめるとともに、どの機関が紹介・相談機能を果たしているか、調べてみよう。
2．実際に、療育や制度を利用している立場からの声を聞き取ってみよう。その際、何らかの問題の有無や改善を求める点についてもまとめてみよう。
3．親子教室や療育施設などを見学・実習し、子どもや家族を支えるための配慮や手だてについて調べてみよう。
4．施設や制度の現状だけでなく、その変遷を調べ、経過に目を向けてみよう。そこに家族・関係者のねがいが実るために何が大切だったのか、探ってみよう。

第5章

家族への援助

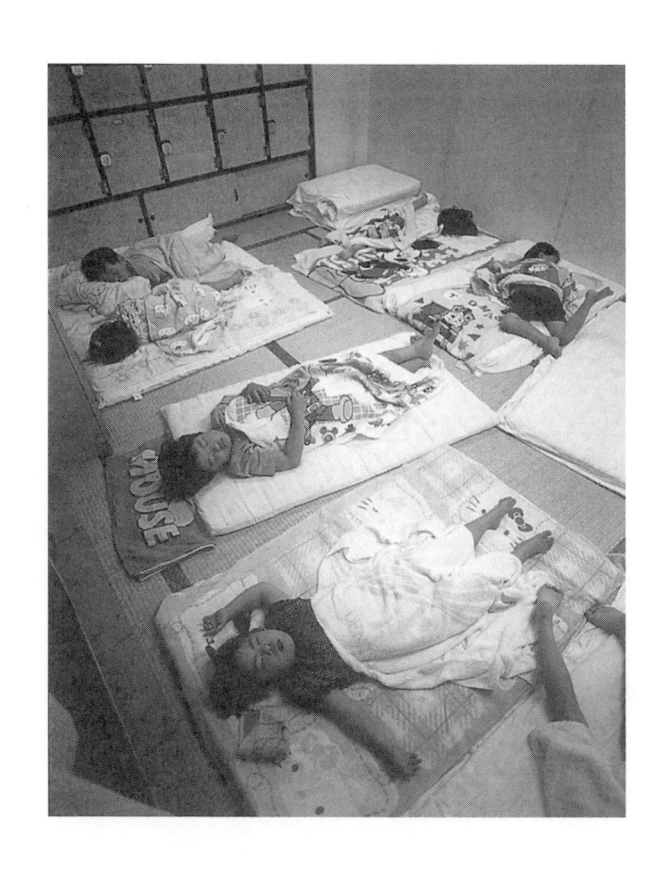

Ⅰ　父母への援助・仲間づくり

はじめに

　乳幼児期は、障害の有無に関わらず、子育てが大変な時期です。ことばが未熟なこの時期は、子どもが何を求めているのかわかりにくい上に、食事や排泄、睡眠などの毎日の生活において手がかかるために、子育て不安が高まりやすい時期といえます。

　その上に、保護者が子どもの障害に初めて出会うことになります。障害があるために、子育てにいっそう手がかかる上に、わが子の障害をどう受けとめるか悩むため、ときとして虐待や家庭崩壊にいたることもあります。子育てに悩む保護者が孤独に陥ったり、過労のために倒れたりすることのないよう、家族に対してていねいな援助が求められます。

　また、ともすると母親に対してだけなされることが多いのですが、父親や祖父母、きょうだいも視野に入れた支援が求められています。

1．保護者への援助・仲間づくり

（1）障害との出会い

　障害によって出会いはさまざまです。その出会いが絶望につながるのでなく、子育ての見通しにつながるためにはどのような援助が求められ

ているのでしょうか？

①**生まれてすぐにわかる障害**

　重度な障害やダウン症のような染色体異常は、生まれてすぐにわかります。母親は産後の不安定な状態にあるため、通常、医師は父親に障害を告げ、父親から母親に伝えるように指示します。父親が祖父母に相談できる場合はまだ良いのですが、父親が一人で受けとめる場合は、わが子に障害があるというだけでショックな上に、母親にいつどのように告げるかを考えねばならず苦しみが拡大します。「なぜ、わが子に障害が？」と考えても答えは出ません。父親も母親も、誰かが支えてくれなければ、精神的にまいってしまい力を合わせることも難しくなります。ときには、夫婦間の暴力や精神疾患につながることも出てきます。

　長期入院を必要とする子どもも多く、母親は付き添いや見舞いで疲れ、きょうだいの育児もままならなくなったりします。この状態がいつまで続くのかと、これからの育ちに不安を抱き続けることになります。

　出生後すぐにわかる障害の場合は、親の会にしても、同じ障害の会にしても、何らかの全国的な団体組織があることが多いため、早い時期になるべく近くの先輩を紹介し、一人ではないのだという安心感と子育ての見通しをもってもらうことが必要になります。地域の保健師が家庭訪問しつつ、仲間づくりの情報を提供していくことが求められます。

②**育ちの過程で次第に明らかになる障害**

　自閉症スペクトルや注意欠陥多動性障害などは、育ちの過程で問題が見えるようになってきます。自閉症スペクトルや注意欠陥多動性障害は1歳6ヵ月児健診で多くが把握されますが、どんなに遅くても保育所・幼稚園に入園する前の3歳児健診までに発見することが目指されています。子育ての上では、夜泣きや偏食がひどくて育てにくい、かんしゃくがひどい、スーパーで行方不明になる、友だちにすぐに手を出すなどの

「問題」を抱えていても、そのことが障害とはつながりにくいところがあります。最近では、「ひょっとして？」と思ってインターネットで検索してみるという母親もいますが、だからといって専門機関に相談するというケースはそう多くはありません。

　1歳6ヵ月児健診で障害を疑われた場合も、保護者がそのことを受けとめるのには時間がかかります。そのため多くの自治体では「親子教室」を運営し、そこで親子に楽しい取り組みを保障しながら、専門家の力を借りることへの抵抗感を減らした上で、専門施設の利用へとつなげていきます。保育所・幼稚園に入園する前にこうした専門施設での療育を受け、障害のある子どもの保護者と出会うことで前向きになる保護者が多く、自治体にこうしたシステムがあることが保育所・幼稚園での保護者支援をより実のあるものとするのです。

　保護者の状況によっては、乳児期から保育所に入所していて、保育所が子どもの障害を疑う場合も出てきます。また、保育所や幼稚園に入園してから「問題」がクローズアップされ障害を疑うケースも出てきます。こうした場合、担任は保護者にどのように告げるのかで悩みますが、なぜ子どもの障害を保護者に理解してほしいのかということを職員間で話し合う必要があります。子どもに何をしてあげたら可能性を伸ばせるのか、保護者、保育者の間で共通の認識をもつために専門機関に受診するのだということを保護者にわかってもらうためには、園としての努力も必要になります。園長や主任、学区担当の保健師など第三者の眼で保育を見て、子どもの「問題」について検討することも必要です。父母に専門機関への受診を勧めるのは園長の役割です。専門機関に受診することの意味は、子どもの共通理解の推進だけでなく、専門機関を受診することで巡回指導などの形で継続した専門的支援が受けうること、同じような状況の子どもの保護者と出会える「親の会」を紹介してもらえ

ることなど多岐にわたります。そうした専門機関の支援の内容を把握しておくことも園長の役割ですし、そのためには自治体単位で保健機関、専門施設などが連携して開催する「自立支援協議会子ども部会」に積極的に参加することも必要です。

いずれにしても、保護者はこれからもずっと障害児の保護者として生きていくのですから、地域のなかで仲間を保障すること、相談できる専門機関を整備していくことが何よりもの援助なのだということを忘れないでください。自治体ごとに「次世代育成事業計画」や「市町村障害福祉計画」を策定しなくてはなりませんが、障害のある子どもの保護者支援をしっかりと各計画に位置づけることが、充実した障害児保育の前提なのです。

(2) 専門施設の保護者支援

専門施設の保護者支援の取り組みはおおむね以下の6点にまとめられます。①親子療育、②連絡帳・個人懇談、③園だより・クラスだより・クラス懇談、④学習会、⑤なかまづくり、⑥福祉施策の利用や就園・就学に向けた取り組み。

このうち、②③は保育所・幼稚園でも共通した取り組みですが、その他の4点は、専門施設ならではの取り組みだといえます。保育所・幼稚園では、これらの4点については、専門施設の取り組みに学びつつ、専門施設や地域の親の会と協力して保障していきたいものです。

①親子療育

専門施設によって方針はさまざまですが、子どもの年齢が幼いゼロ歳から2歳ごろまでは「親子療育」の形態をとる施設がほとんどです。子どもが幼いため、保護者が子どもと離れることで不安になるためもあるのですが、子どものかわいらしさや変化を保護者と保育者が共感しあっ

たり、子どもに合った取り組みを学びあうことで、充実した親子関係をきずくことが「親子療育」の目的だからです。

スタッフは保育士が中心になりますが、肢体不自由児や重症心身障害児が対象の場合は、理学療法士や作業療法士、言語聴覚士、栄養士等が参加して、子どもに即した座らせ方や食事介助法・食事内容などについて保護者・保育者とともに検討することになります。心理職が参加して子どもの発達状況を確認したり、保護者に対するカウンセリングの必要性などを判断することもあります。

親子療育に参加するのが祖父母や父親というケースもあります。この時期は母親が次の子どもを妊娠する時期であることや、父子家庭というケースもあるからです。この場合も療育の基本は変わりませんが、仲間づくりの点での配慮が必要となります。

②連絡帳・個人懇談

保護者と分離して「単独保育」になった場合に、一人ひとりの子どもの成長や家庭状況を確認しあうのが連絡帳や個人懇談の役割です。特に連絡帳は「一生の宝物」という保護者もいるほど、子どもの育ち、父母の思いが詰まったものです。保育者からは、その日の子どものかわいかったところや、がんばった姿を伝えたいものです。保護者は、子どもと離れられてホッとしている一面で、わが子がどんな集団生活を過ごしているか心配しているからです。子どもの問題を共有したいと思う場合は、保護者との信頼関係がきずけた後半期に入ってから、しっかりとコミュニケーションがはかりうる個人懇談の場で語りあう方がよいでしょう。

③園だより・クラスだより・クラス懇談

これらは、園全体、クラス全体の取り組みのねらいや、集団での子どもたちの育ちを伝えるものです。障害があるとついついわが子のことばかりに目を向けがちになりますが、特に行事などでは、そのねらいと集

団での子どもたちのがんばりを意図的に伝えたいものです。

④学習会

　障害のある子どもを育てるにあたって、保護者に学んでほしいことを学習会として計画していきます。具体的には、障害の見方、発達の見方、「問題行動」や生活上のトラブルのとらえ方と取り組み、家庭や親戚・近所づきあいの問題、乳幼児期に利用できる福祉サービス、就園・就学の仕組みと現状などですが、子育ての具体的な取り組みや、福祉サービス、就園・就学問題については、先輩の保護者と交流し学びあうことが、保護者に子育ての見通しをもってもらう上でも、地域の「親の会」につなげていく上でも重要です。保護者が独自に学習会のテーマを決めうるような「保護者会」活動も重要です。

⑤仲間づくり

　同じ障害のある子どもの保護者と出会え日々つきあうことができるのが、専門施設の何よりのメリットです。子どもが幼いうちは障害が確定しないこともあって、地域の「親の会」や「障害別親の会」には加入したくないという保護者もいます。そうした保護者にとっては、同じような問題を抱えた子どもの保護者と出会える場が専門施設だといえます。保護者会では、自主的に交流の機会や学習会を開催したり行事の取り組みを通して仲間関係を広げていきます。

　しかし、保護者会といっても通常は「母の会」となりがちです。母親は施設の学習会などを通してさまざまな知識も身につけるため、夫にも自分と同じようながんばりを求めがちなのですが、父親は、仕事のなかでは同じように障害のある子どもを育てている父親と出会えることはきわめてまれです。そのために孤独に陥る危険性は父親の方が高く、父親の仲間づくりは意識的に取り組まないといけない課題です。父親は行事などたまにしか施設に来ません。行事の機会に父親どうしが知り合いに

なるためには、ただ参加してもらうのではなく、テントを組み立てる、バーベキューの準備をするなど、父親どうしの共同作業を通してコミュニケーションを図ることが必要です。行事の後の若い職員との交流会なども楽しいでしょう。

　祖父母も孫のことを心配しています。祖父母世代の障害児観は、若い世代よりも否定的なものとなりがちです。さらに父母よりも高齢のため孫の面倒を見ることのできる時間が限られており、孫の将来を悲観しがちです。そんな祖父母の思いを軽くするために、祖父母参観や祖父母懇談会も位置づけたいものです。

　そうした保護者会活動が施設のなかだけの取り組みに終わらない視点が必要です。保育所や幼稚園に入ると、保護者は圧倒的に障害のない子どもの保護者です。同じような悩みを抱えた保護者と力を合わせるためには、専門施設にOB会を組織することや、保健所・保健センター単位での地域の親の会、自治体単位での保育所・幼稚園に子どもを通わせる親の会、障害別親の会の地域組織があることが重要です。

⑥福祉サービスの利用や就園・就学への取り組み

　乳幼児期の障害児が利用できる福祉サービスには、障害が重くなければ適用されないもの、所得制限があるものもありますが、希望すれば利用できるサービスもあります。障害があっても乳幼児であれば、一時保育やファミリーサポート事業などが利用できます。障害者自立支援法にもとづき自立支援給付を申請し認定されれば、ショートステイ（入所施設での一時預かり）、ホームヘルプ、行動援護（従来のガイドヘルプ）が利用できます。従来のガイドヘルプは、重度の人のための行動援護と市町村が実施する移動支援に分かれました。市町村の考え方によっては乳幼児の場合、利用しにくいかもしれません。市町村が実施する「日中一時支援事業」を乳幼児も活用できる場合があります。いずれのサービ

スも自治体によって整備状況が変わってきます。どんなサービスが利用できるのかについては、地域の福祉事務所や障害児相談支援事業所で相談してみましょう。

　就園・就学もついての仕組みや制度の現状は専門施設で学習会を開催しましょう。保育所や幼稚園はなるべく見学するとともに、日頃から専門施設と保育所・幼稚園の交流保育を実施したり、保育所・幼稚園に入園が決まったらあらかじめ「お試し通園」するなど、保護者も、送り出す施設も、そして受け入れる園も互いに取り組みや問題を共有できるようにしておくと、入園後の連携もとりやすくなります。

　保育所や幼稚園に通っている子どもの保護者は、就学の仕組みや現状を学習したり、見学したりする機会を得にくいものです。専門施設の保護者会とOB会の共催で企画しましょう。福祉制度の活用なども含めてOBとの交流が保護者には安心と前向きな取り組みの力となります。

（3）保育所・幼稚園の保護者支援

　障害児の親の会づくりや、福祉制度、就学問題の学習などの保護者を支える取り組みは保育所・幼稚園だけでは取り組めません。専門施設や学区の保健師と協力して、地域で進めることを大切にしましょう。

　その上で、①連絡帳・個人懇談、②クラスだより・クラス懇談会・園だよりについては専門施設とは異なる配慮が必要になります。そして自治体の単位では、③保育所・幼稚園に通わせている親の組織化にも取り組んでほしいものです。

①連絡帳・個人懇談

　保育所・幼稚園では、障害のある子どもは圧倒的な少数者です。そのため保護者は、わが子がクラスの仲間や園の子どもたちからどう受けとめられているかを心配しつつ園に預けています。登園時に泣きわめいた

り、クラスに入れずにテラスで寝転がっていたりすればなおのこと、先生方はちゃんと見てくれているのかと保育者を非難する場面もあるでしょう。連絡帳では、子どもが楽しくすごせた場面を中心に保育者としての取り組みを伝えましょう。子どもがクラスに位置づくようになれば、仲間のなかでのがんばりや、さらには子どもの抱える問題も書けるようになります。

　初めての個人懇談では、今までの育ちや保護者の努力について学ばせてもらうという姿勢が大切です。保護者の声を聴き、園への期待を踏まえながら、いずれクラス懇談会で子どもの障害について語ってもらえるようにと伝えたいものです。クラスだよりや園だよりで、障害のある子どもの変化やクラスの子どもたちとの関係を伝えることも必要です。

②クラスだより・クラス懇談会・園だより
　障害のある子どものことを他の保護者にも知ってもらい、みんなで障害児の成長を喜べることが、担任の喜びともなりますし、各家庭で障害児のことを話題にする際の手がかりにもなります。「園だより」でクラスの子どもたちと障害児のがんばりが伝えられると、他のクラスの保護者の応援も得ることができます。

③保育所・幼稚園に障害児を通わせている保護者の組織化
　保育所・幼稚園では、障害のある子どもの親は圧倒的な少数者です。そのため、保育所や幼稚園に対する要望や子育てについての疑問があっても、園の保護者会には出しにくいものです。加配保育士がいても毎日わが子についていてくれるわけではないのはなぜ？　保育所や幼稚園に通いながら言語訓練などの専門的な訓練も受けたいけれど、どうすれば可能になるの？　どうすれば学区の学校に特別支援学級をつくることができるの？　同じような立場の保護者どうしが、日ごろの思いを出しあうと共通のねがいが見えてきます。

自分たちの自治体の障害児保育や専門施設のサービス、学校教育の現状を学び、改善への声を出していくことで、障害児と保護者が豊かに日々を過ごせる自治体づくりも進んできます。園を越えて、また公立・民間の壁を越えて学び交流できる保護者会づくりが求められているのではないでしょうか。

　日々の子育ての支援はもとより、保護者に仲間を保障することで子育てに見通しを保障するとともに、保育条件を改善する取り組みを通して今後の子育てに希望を見出してもらうなかで、障害児の保護者は、支援されるべき存在から、自ら子どもと自分たちの将来に向けて地域づくりを進める主権者として育っていくのです。　　　　　　　　（近藤直子）

参考文献
町田おやじの会『「障害児なんだうちの子」って言えたおやじたち』ぶどう社、2004
近藤直子・全通連編『笑顔がひろがる子育てと療育』クリエイツかもがわ、2010
近藤直子『"ステキ"をみつける保育・療育・子育て』全障研出版部、2015

【学習課題】
1．あなたの自治体にある「障害乳幼児の親の会」を調べてみよう。
2．障害乳幼児の家族の手記を読んだ上で、家族を支えるために何が必要なのか、まとめてみよう。

Ⅱ　きょうだいへの援助

はじめに

　わが国では、1970年代半ばより障害の早期発見・早期療育が提唱され、各地で研究・実践が急速にかつ熱心に始められました。これは、障害軽減を目指す療育への一石を投じるものでしたが、家族を支える社会的基盤（療育施設、福祉制度など）が十分整備されないままでの新しい取り組みであったため、医療機関の受診や入院付き添い・通園介助、家庭内の療育と、家族には物心両面での負担を強いる側面がありました。
　とりわけ、母親は療育のキーパーソンと位置づけられ、かなりの専門的知識や技能が求められ、重い責任を負わされる存在となっていました。このような母親が通常の家事・育児以外に過重な役割を担わされた家庭環境は、幼いきょうだいにとってもまた、きびしいものであったと考えられます。この家庭環境は30年を経た現在に至っても大きく改善されているとはいえません。
　他方、研究面では、障害児の療育技術や発達研究がこの間、飛躍的に進歩したのに対して、きょうだいの発達については、欧米では先進的な研究があるものの、わが国では緒についたばかりです。療育の現場でも、また、一般の保育所・幼稚園、学校でも障害児のきょうだいの発達支援はまだまだ十分な状況とはいえません。

ここでは、障害児のいる家庭で「子ども時代」をすごすきょうだいの発達上の問題を明らかにし、支援のあり方について考えてみましょう。

1. 障害児と親、そしてきょうだい

①事態が理解できないままに

障害児の療育には多くのエネルギーを要するものですが、症状が重ければなおのこと、介護の手はもちろんのこと親の関心は障害のある子に向けられることになります。とりわけ、出生(あるいは事故や病気による障害発生)直後の両親の心理的混乱は深刻なものですし、障害告知後から障害受容にいたるまでの数年間は、両親にとっては苦悩の時期といえます。このような苦悩と葛藤に満ちた心的プロセスは、グリーフワーク(悲嘆のしごと)とよばれています。障害児が誕生することによって、きょうだいは突然家族におきた事態を正確には理解できないまま、大人たちのグリーフワークの渦に巻き込まれることになります。それに対して、弟・妹の場合は彼らの出生時にはすでに障害児の兄姉が存在するので、突然に生じるショックはないものの両親のグリーフワークの最中に成長するという点では、兄姉の立場と同様といえます。

やがて親は、専門職の指示や助言を受けることによって知識を得、対処法を身につけ現実を徐々に受け入れていくことが可能になりますが、きょうだいにはそのような学習の機会もなく、親の会話の端々から事態を憶測し、小さな心を痛めながら日々を送ることが多いのです。

②安心感を欠く日常

障害児の家庭では、通院などのために、母親が日常的にあるいは突発的に不在になることがめずらしくありません。日々通院する療育機関の多くは保護者(母親)同伴の通園を義務づけたり(特定日のみの場合も

ある)、地域によっては母子入所(母親と子どもが一緒に施設入所し、療育指導を受けるシステム)をせざるを得ない状況もあります。合併症(てんかん、心臓病など)のある場合は、定期的な通院が必要ですし、緊急入院を繰り返すことがあります。これが家族全員に等しく与えられた状況であればまだしも、一方は母親を独占し、他方が置き去りにされるという構図は、子ども心には割り切れないものでしょう。しかもその理由が不条理なものであれば親に抗議できるのでしょうが、そうはいかないだけにきょうだいは不満を飲み込み「自分は我慢しなくては…」と耐えることになります。

　そればかりか、きょうだいは、グリーフワークの只中にあり混乱しがちな親を必死で励まし、支える側にもまわることさえあります。そのような生活のなかで、きょうだいはさびしさをこらえ、実際の年齢以上の忍耐力や自立心を身につけ、親の期待にこたえようとして、いっそう、けなげに振る舞ってしまうことがあります。このような育ちが、子ども時代という自我形成・人格形成期に深刻な影響を及ぼさないとは限りません。「オレは世界で二番目か?」これは、重度自閉症の弟をもつ兄の発したことばです。

2．保育所や幼稚園、学校できょうだいは…

①私の名前を呼んで!

　あるきょうだいは「家族に障害児のいることを隠すために自分は、子ども時代のエネルギーの大半を費やした」と数十年前を振り返って述べています。最近では、自分のきょうだいのことをひた隠しにする、という極端な例は見られなくなりましたが、「統合保育」が進められている今日、教師や保育者の配慮のなさがきょうだいを傷つけてしまうという

事態が見受けられます。

　ある障害児の姉について母親は、次のように述べています。「(長女は妹の)愛が(小学校に)入学してからは(略)名前ではなく『愛ちゃんのお姉ちゃん』と呼ばれていた」。また、あるきょうだいは、学校で「通訳くん」と呼ばれているそうです。彼の兄は、話しことばをもたない重度の自閉症でしたが、長年の密接な関係からことばを介さずとも態度で兄の意思を読み取ることができていました。同様の障害をもつクラスメートとの関係ではだれよりも彼の意思を汲むことができたので、先生もなにかと彼に頼ってしまい、ついには先生をはじめクラスの全員が彼のことを「通訳くん」と呼ぶようになってしまったというのです。2人の子どもたちは最初「注目されてちょっぴり得意」であったそうですが、やがて自分の名前をなくしたことに気づき、「障害児のきょうだい」としか見られない自己に揺らぎを感じてしまうのでした。

②美談といじめ！

　きょうだいの存在がいじめの材料にされることが依然としてあります。ここでの第一の問題は、かれらが、そのつらさを親に訴え、慰めや共感を得にくい状況にあるということです。これ以上、親の苦労を見たくないという思いがそうさせるのでしょうか。また、周囲からは日頃「しっかりしている」と評価されることが多く、そのため教師や保育者にも助けを求めにくく、弱音も吐きにくいという事情もあるのでしょう。①で紹介した姉もこんな体験をしたと、後に母親に話しています。「先生やお母さん方に『大変やけどがんばりや』『愛ちゃんのお姉ちゃん偉いなあ』と、そんな声かけがよくあったそうです」。

　第二の問題は、マスコミや児童文学などでは、障害児・者やその家族の話題が、美談や根性もので示されることが多いことです。実際には、障害児家族の生活がそのようなきれいごとではないことも知っているだ

けに、いっそう、彼らはジレンマに陥りながらも「いじめにも耐えてこそ…」と必死になってしまうのです。しかし思春期以降、かれらの多くはそのような美談には強い抵抗感をもち、障害者関係のＴＶ番組にも背を向け、心を閉ざし、無関心を装うことで必死で自分らしさを守ろうとすることがあります。美談は、ときとして、子どもとして許されるわがままや弱気、そして自分らしささえしぼませてしまうことがあります。

③にいちゃんも発達するんです！

　ノーマライゼーションの流れのなかで、強調されることのひとつに、障害のない人たちの意識変革の必要性があげられます。障害児の発達が人間発達の道すじのなかにどのように位置づけられるのか、その共通性と違い、それぞれの障害特性について子どもたちは学習し、科学的に認識する必要性があります。このような取り組みを「障害理解のための教育」といいます。

　たとえば、ある障害児がなぜ石ころ並べに固執するのか、なぜ歩けないのか、なぜクルクル体を回転させるのか、なぜ友だちを噛むのか、たくさんの「なぜ」を子どもたちがその発達段階で可能な限りの共感をもって理解をはかることを目的として実施されます。ときには、文学作品や手記を教材にしたり、障害者本人や障害児学級の先生の出前授業なども行われます。時間をかけ、特別な方法を用い、協力しあえば、たとえ障害が重くても発達することが子どもたちにも理解できるでしょう。

　同時に、障害児自身の学習過程が周囲の子どもにもわかるようにていねいに展開され、その成果が共有できるような保育・教育環境が準備されれば、きょうだいだけではなく、周囲の子どもたちのこれまでの障害者観、人間観にも変化をもたらすことが可能ではないでしょうか。共通の発達観を共有すれば、きょうだいが自分の家族を恥じたり隠したり、そんなつらさもやわらぐのではないでしょうか？

ある妹は、障害理解の授業の後、こんなことを言っています。「わたしのおにいちゃんは障害をもっています。ことばもあまりしゃべれません。けれども1年生の頃よりも今のほうがずっとしゃべれるようになりました。わたしはきょうのべんきょうでおにいちゃんもがんばっているんだなと思いました。（略）おにいちゃんだけでなく、障害のあるともだちもがんばっているんだなあと思いました（略）」。

3．きょうだいの悩み・母親の悩み

きょうだいの生育について母親を対象に調査をしました（**表1** 回答数44家族、障害児の年齢3〜17歳、きょうだいの年齢1〜17歳、1997）。

① 学校関係では、「いじめ」が4件、「不登校およびその傾向」を含めると4件と深刻である。なかには、小学生の姉妹2人とも不登校というケースも見られた。「いじめ」は、本調査票記入のためにきょうだいに確かめて初めて親の知るところとなったケースも2件あった。

表1　生育上の問題（「ある」と答えた家族件数・重複回答）

学校関係			神経症状			性格・行動	
忘れ物が多い	5		爪かみ	4		落ち着きがない	8
いじめられる	4		場面緘黙	4		集中力がない	7
不登校(園)傾向	2		チック	3		心配症	7
不登校	2		吃音	2		内向的	5
学力不振	2		円形脱毛	1		恐怖心が強い	4
			性器いじり	1		勝ち気すぎる	4
						ひがみが強い	2
						非行	1

② 神経症状で目立つのは「場面緘黙」である。「場面緘黙」は女児に圧倒的に多い症状であるが、本調査でも姉、妹それぞれ2人の計4人であった。
③ 性格・行動面では、「落ち着きがない」の代表される群と「心配性」に代表される群に分かれる。前者は男子に多く、後者は男女差よりもきょうだいの順位、つまり兄・姉に多く見られるという結果であった。とりわけ、姉は、母親代行を期待され、家事や障害児の世話をまかされることが多いようである。

以上の結果から、きょうだいにみられる問題の特徴は、「目立たない」あるいは「他人に害をおよぼさない」症状が多いことです。それゆえこれらは「静かな問題行動」と呼ばれることがあります（西村、1996）。「非行」つまり反社会的行動はわずか1件にすぎません。

表2は、きょうだいと母親の関係について示すものです。これをみると母親は、きょうだいへの十分な関わりのできないことを心苦しく思いながらも、きょうだいの成長や励ましを精神的な支えにしていることがわかります。しかし、母親の心身の疲労が限度を超えたときには、危機

表2　母親ときょうだいの関係（件・重複回答）

精神的支えになっている	26
無理やがまんをさせている	15
八つ当たりできついことを言う	15
生活面で行き届かない	12
障害児の世話をさせてしまう	8
期待しすぎる	7
かわいいと思えない時がある	3
暴力をふるってしまう	3

に転じる「危うさ」を示唆する結果といわざるをえません。

　以上の結果から、きょうだいへの支援は、家族全体への心理的なサポートと福祉面からの制度的な手立て（デイサービス、ショートステイ、学童保育など）の充実が不可欠であることがわかります。

4．障害児通園施設・保育所におけるきょうだい支援

（1）障害児通園施設におけるきょうだい支援

　障害児の通園施設（児童発達支援センター、児童発達支援事業）において、きょうだいの育ちにどのような問題意識をもち、支援を行っているか、その調査結果を次に示します（2012、大阪府下の通園施設58園にアンケート調査実施）。回答のあった36園のなかから特徴的なものをいくつか紹介しましょう。

①**通園時のきょうだいの同伴について**

　親子通園型のほとんどは「条件つき」できょうだいの同伴で認めているが「療育の妨げとなる」「安全確保ができない」などの理由で禁止している園もあった。その条件とは「保育所入所前の乳児」「学校や幼稚園の長期休暇」「日・祝日の行事」に限ってというものである。

　その際の問題点としては「（見学時）自分も注目されたくてハメをはずして騒ぐ」「母親が気をつかって頭ごなしに叱ってしまう」「施設内を動き回り療育に支障がある」「保育に参加させるとはしゃいで中心になってしまう」などである。他方、「別室で職員やボランティアによるきょうだいの保育に取り組んでいる」園もある。

②**施設側はきょうだいと親の関係をどのようにとらえているか？**

　保育士は、母親ときょうだいの関係では、つぎのような問題を指摘している。「年齢以上の役割をとらせている」「期待過剰」「がまんさせす

ぎ」「きびしすぎる」「放任気味」など、いずれも自然な親子関係がとりにくいことがあげられている。

③施設でのきょうだい支援
　多くの施設では、きょうだいの育ちにも配慮して、下記のようなさまざまな努力がなされている。
・運動会・クリスマス会など家族参加型の行事を設定し、きょうだい向けのプログラムをつくり、賞品も用意する。
・保護者向けの学習会や機能訓練のある曜日には地域ボランティアによるきょうだいの保育をしている。
・「きょうだいの集い」をもつ。
・「きょうだい懇談」をしている（きょうだいを対象にきょうだいの障害のこと、困りごと、家族、学校や将来のことなどについて、職員と話す機会を設ける）
・4、5歳児にたいして、午後7時までの療育日を設け、家族の負担軽減をはかっている。
・園庭開放日を設け、きょうだいやその友だちへの遊びの場を提供し、障害理解の場としている。

(2) 保育所におけるきょうだい支援

　障害をもつきょうだいが保育所以外の他機関に通所・通学している場合と、同一の保育所に通所している場合では、事情が違ってきます。
　前者の場合、日常的な接触のないきょうだいのことで保育所で子どもが傷つく場面は多くはないと思われますが、上記に述べたようなきびしい家庭環境、年齢以上の役割を負わされがちといった心理的負担、世間の無理解などの状況を理解し、年齢にふさわしい子どもの生活やあそびを十分に保障し、保育所を安心感のもてる場所と位置づけ配慮をするこ

とが大切でしょう。

　後者の場合は、きょうだいは、家庭でも保育所でも互いの存在を意識しあう関係におかれることになります。とくに、きょうだいは、障害のあるきょうだいのことが気がかりで仕方がなかったり、きょうだいの失敗を自分のことのように受けとめてしまったり、また周囲に気兼ねをしたりと、気苦労が多い保育園生活を送ることがあります。保育所では、互いに負担を感じず、一人ひとりがのびのびと活動できるような配慮が必要です。また、同時に障害のない幼児に対して発達に見合った障害理解への取り組みをすすめることもきょうだいの心理的負担感を軽減するために重要な課題だといえます。

　上記のいずれの場合であっても家族支援の観点を明確にした援助が前提になることはいうまでもありません。

5．きょうだいが肩の荷をおろすとき

　かれらが中学・高校生頃になると、突然、障害のあるきょうだいを無視しはじめることがあります。家出をほのめかす子もいます。この年齢になると、自分ときょうだいの将来の関係が気になりはじめ、負担感を感じるようになるためです。親は「あなたは自由に生きていい」と言ってはくれるものの、では将来だれがきょうだいの介護を担うのか、自分の就職や結婚に不利にならないかなど現実的に考えたとき、不安や怒りがわきおこってくるのでしょう。それでもやはり、きょうだいのことが気になって仕方がない、そのジレンマに苦しんでいるのです。

　「オレは世界で二番目か！」と叫んだ兄も、進路や大学での研究テーマの選択の際には何度も福祉関係に迷い込みそうになりました。しかし彼が肩の荷を降ろしてようやく自分の道を歩みだしたのは、母親が安心

して暮らせる施設づくりの運動に本格的に関わりはじめたときだったと言います。

　安心して預けることのできる施設が十分に整備されておれば、親と子のそれぞれが自律に確信をもつことができますが、親子の自律を簡単には許さないような現状が、きょうだいへの負担感を強める結果となっているのです。

　他方で、近年、きょうだい自身による手記やきょうだい支援のための出版も相次いでなされるようになり（白鳥他2010、家森他2010など）、また、成人したきょうだいによるセルフヘルプグループも多数組織されはじめ、きょうだい自身の手で、解決する機運も高まってきています。しかし、きょうだいの問題の解決には、家族の病気や死別、親の離婚、親との別離など、現代社会における家族問題との共通性と普遍性をもった視点が必要とされることも忘れてはなりません。

おわりに

　今日の障害児保育は、障害児本人の発達保障と人権を守る実践をすることと併せて「ふつうのくらし」「ふつうの幸せ」の追求という家族ぐるみのノーマライゼーションを保障する実践が求められています。

　憲法第13条では、幸福追求は国民の権利として明記されています。福祉・教育の関係機関は、幼いきょうだいの発達保障を視野に入れた上での障害児家族への支援のあり方を模索することが求められています。（広川、2012）

　　　　　　　　　　　　　　　　　　　　　　　　　　　　（広川律子）

引用文献

西村辨作他「障害児のきょうだい達①②」『発達障害研究』vol.18.no.1、

no.2、1996

広川律子「家族の静かな叫びを聞こう」小西行郎他編『「医療的ケア」ネットワーク』クリエイツかもがわ、2001

高橋幸三郎『知的障害をもつ人の地域生活支援ハンドブック』ミネルヴァ書房、2002

播本裕子・峰松かおり・大島悦子（広川津子編）『オレは世界で二番目か？』クリエイツかもがわ、2003

厚生省『平成9年度厚生省心身障害研究調査報告書―ハイリスク児の健全育成のシステム化に関する研究』

白鳥めぐみ・諏訪智広・本間尚史『きょうだい―障害のある家族との道のり』中央法規、2010

家森百合子・大島圭介他『重症児のきょうだいたち』クリエイツかもがわ、2010

広川津子「障害児のきょうだい問題とその支援」『障害者問題研究』vol.40. no3、2012

参考文献

佐川奈津子（文）、黒井健（絵）『おにいちゃんが病気になったその日から』小学館、2001

近藤直子・田倉さやか・日本福祉大学きょうだいの会『障害のある人とそのきょうだいの物語―青年期のホンネ』クリエイツかもがわ、2015

【学習課題】
1. 障害児のきょうだいの生育過程における配慮点を、保育所保育士、および障害児施設保育士の各々の視点より検討しよう。
2. 障害児家族へのきょうだい支援に役立つ福祉制度について調べてみよう。

第6章

就学に向けて

1. どの子にも心からの「入学おめでとう」を

　年長組になると、子どもたちは「おにいちゃん」「おねえちゃん」になってきた自分を強く意識し、以前にもまして誇り高く、少し難しい課題や苦手な場面にも、自分から立ち向かっていくようになります。「年長児」らしいこうした姿は、障害のある子の場合にも、生活のさまざまな場面のなかで、きっと見出すことができるでしょう。なぜなら、5、6歳児のこのような姿は、誕生からの6年余にわたる生活の事実、そのなかで築いてきた発達の事実の上に立った、「大きくなってきた自分」への意識と誇りのあらわれだからです。「来年は1年生だ」「学校に行くんだ」という学校生活への期待と憧れは、5、6歳児のこのような意識と活動のありように、さらに新たな彩りを与えていきます。

　読者は、『1年生になるんだもん』(角野栄子・文／大島妙子・絵、文化出版局、1997年）という絵本をご存じでしょうか。この本は、主人公のさっちゃんの6歳の誕生日の場面からはじまり、「1年生になります。健康診断をしますから来て下さい」というお手紙が来たり、小学校に健康診断に行ったり、近所の1年生が、学校で「新しい1年生」たちに書いた手紙を持ってきてくれたりといった場面を経て、入学式当日に至るまでの半年間を描いたものです。就学前年の子どもと家族が出会ういくつかの出来事のあらましがイメージしやすいので、大学の授業でも紹介しているのですが、その際には、単に「出来事のあらまし」を知るだけでなく、そうした体験を通して、「学校」への期待と憧れをはぐくんでいくさっちゃんの姿、そうした期待と憧れに寄りそい、その姿に「大きくなってきたわが子」への喜びを見いだしながら、入学のための準備を整えていくおかあさん・おとうさんの姿をしっかり心に留めてほしい、

と話しています。「１年生になるための準備」は、どの子の場合にも例外なく、子どもたちの内面に、「学校」やそれを含む「学齢期の生活」への期待と憧れをはぐくむものであるべきこと、保護者にとっても、わが子の育ちの事実を喜びをもって受けとめ、子ども自身の期待や憧れをかなえてやれるような学校生活への見通しをつくりだすものであってほしいことなどを考えあいたいと思うからです。

　しかし、障害のある子どもと家族にとって、現実は必ずしもそうはなっていません。わが子に障害などがある場合、就学をめぐって保護者があれこれと悩んだり葛藤を体験することは、むしろ「普通のこと」にされてしまっています。保育者のなかにも、子どもに障害や発達のおくれがある場合、保護者との間で気軽に「学校」のことを話題にしにくいような雰囲気があるかも知れません。しかし、そのような状態を放置したのでは、子どもたちに、心からの「卒園おめでとう」のことばを贈ることはできないのではないでしょうか。

　わが国の障害児教育の制度が「特別支援教育」に移行して10年がたちました（2007年４月から。それ以前は、法令上、「特殊教育」と呼ばれてきた）。「特別支援教育」は、障害のある子ども一人ひとりのニーズを把握し適切な指導と必要な支援を行うこと、幼児期から学校卒業後までの一貫した支援体制をつくることなどをめざすものだと言われましたが、10年を経た今日、これらの理念がどの地域でも確実に実現しているようには見受けられません。

　以下では、障害のある場合の学校教育をめぐる現状とさまざまな議論を踏まえながら、どの子にも心から「入学おめでとう」ということばを贈れるようになるために、保育者に知っておいてほしいこと、考えたり、とりくんだりしてほしいいくつかのことについて、述べてみたいと思います。

2. 障害のある子どもの学校教育をどう考えたらよいか

　わが子に障害がある場合、就学をめぐって、保護者はまず、「学校を選ぶ」という選択、すなわち、「特別支援学校」（障害のある子どものための特別な学校。ただし自治体によっては「支援学校」と呼んだり、盲学校、ろう学校、養護学校などの名称を用いている場合もある）で学校教育を受けさせるのか、あるいは通常の小学校かという選択の前に立たされることになります。さらに、通常の小学校に入学する場合でも、「特別支援学級」（障害のある子どものための特別な学級。これも実際の名称は多様）に入るか、通常の学級で学ぶのかという選択肢がありますし、通常学級に在籍しながら、「通級による指導」を受けるという場合もあります。複数の選択肢のなかから、「わが子に合った学校、学級や教育の形態を選ぶ」というのは、障害のある子どもの場合の独自の課題と言ってよいでしょう。
　こう書くと、「なぜ、障害のある子どもの場合だけ、そのような選択を強いられなければならないのか」という疑問をもつ方もあるかもしれません。実際、特別支援学校や特別支援学級などの存在自体が、障害のある子どもを通常の学級から排除する差別的な制度だと見なす考え方もあります。しかし、障害のある子どものために特別にデザインされた学校や、通常の学校のなかに用意された特別な学級などは、文字どおりすべての子どもに、発達の必要に応じた教育を適切に保障していく上で、なくてはならないものです。
　問題は、それらの学校や学級の存在自体ではありません。障害のある子どもの就学をめぐる保護者の悩みや葛藤の多くは、第一に、それら「複数の選択肢」のどれもが、不十分な条件整備のもとで、子どもたち

表1 障害のある子どものための学校教育の諸形態と教育条件など

学校	学級	（学級編制の標準など）	教育課程	（教員配置の条件など）	※対象とされている障害の種類
小・中学校	通常の学級	・同一学年で編制する場合、1学級は40人までで編制（40人学級）（ただし小1のみ35人まで）・複式編制の場合は、小1を含む場合8人までで、それ以外は15人までで編制。3学年以上にまたがる複式は不可	通常の教育課程		
			通級による指導	・通級指導を受ける児童生徒10人を基準に開設とされているが、実態には、教員配置が「加配」扱いのため、「文部科学大臣の定める数」を超える教員配置はなされず、新設は抑制されながらである	・学校教育法施行規則では、①言語障害、②自閉症、③情緒障害、④弱視、⑤難聴、⑥学習障害、⑦注意欠陥多動性障害、⑧「その他」を規定（第140条）・「その他」は⑧肢体不自由、⑨病弱および身体虚弱の2種（文科省初中局長通知による規定）
	特別支援学級	・複式編制。8人までを1学級に編制に設置可能。ただし同一学年のみの学年の制限はなく、小学校では1～6年生を同一学級に編制することを許容・障害の種類を同一学級別ごとに編制		※法令上は、在籍する児童生徒1人から設置可能。ただし都道府県によっては、学級開設に必要な在籍数を「3人以上」などと定めているところがある ※学級が設置されれば、必ず教員定数が加算される。「通級による指導」のような「上限」はない	・学校教育法では、①知的障害、②肢体不自由、③弱視、④弱視、⑤難聴、⑥「その他」を規定（第81条）・「その他」は⑥言語障害、⑦自閉症・情緒障害の2種（文科省初中局長通知による規定）
特別支援学校（小学部・中学部・高等部）	単一障害学級	・同一学年で編制。6人までを1学級に編制（高等部は8人まで）	全日制教育		・学校教育法において、①視覚障害、②聴覚障害、③知的障害、④肢体不自由、⑤病弱を規定（第72条）
	重複障害学級	・複式編制。3人までを1学級に編制	訪問教育	・法令上に規定はないが、学級編制基準と同一で全日制の重複障害学級とされて、指導時間は1回2時間、週3回とされている	

のゆたかな学齢期の生活（学校生活だけでなく放課後などの学校外の生活を含む）を展望する上での弱点をもたされていて、「あること（例えば、子どもの障害や発達にあった日課や教育内容）を優先すれば、別のこと（例えば、保育所などで共に過ごしてきた同年齢の子どもとの関係の発展）はあきらめざるを得ない」といった状況に置かれていることによります。こうした状況は、「ある貧しさ」を選ぶか、「別の貧しさ」を選ぶかという選択を強いられるという意味で、「貧しさの選択」状況というべきです。

　このことと並ぶ第二の問題点は、一人ひとりの保護者が、わが子と家族にとって適切な選択を行うために必要な情報提供や相談の機会が不十分なことです。保護者は、必要な情報提供や支援などを受けることなく、家族のみで「貧しさの選択」状況に直面させられがちです。また、地域によっては「選択」どころか、「このような障害の子どもはここ」というような基準を機械的に押しつけられる場合も依然残されています。こうした状況こそが、本来子どもにとって必要な特別支援学校や特別支援学級などを、「差別的な制度」と見誤らせる真の問題なのです。

　次の２つの節では、障害のある子どものための学校教育の諸形態（特別支援学校や特別支援学級、通級による指導など）の特徴などについて、順を追って見ていくことにしましょう。それぞれの教育形態のありようを規定する教育条件などについては、**表１**を参照してください。

3．障害のある子どものための特別な学校―特別支援学校

　2006年までの「特殊教育」の制度の下では、障害のある子どものための特別な学校として、盲学校、ろう学校、養護学校という３種類の学校が用意されていました。養護学校は、さらに「知的障害校」、「肢体不自

由校」、「病弱校」など、対象とする障害種別ごとに区別して設置されることが一般的でした。また、障害がきわめて重く、学校に通学して教育を受けることが困難な子どものための訪問教育（教師が子どもの家庭や施設・病院などに赴いて行う教育）という教育形態も、養護学校の教育に内包されて運用されてきました。特別支援教育の下では、これらの学校およびその機能が一つの制度に統合されて、「特別支援学校」と呼称されることになりました。

とはいえ、従来の障害種別を全面的に撤廃して、すべての特別支援学校が、あらゆる障害の子どもを無限定に受け入れるということになったわけではありません。現行制度では、個々の特別支援学校について、当該校が受け入れる障害の種別を、あらかじめ定めることになっています。ある学校が、どのような子どもを受け入れるのかは、その学校の設置者（多くは都道府県）の判断に委ねられているのです。したがって、特別支援学校への就学を検討する場合には、居住する地域の特別支援学校が、どのような障害種別に対応しているのか、目の前の子どもを受けとめてくれる学校はどこなのかなど、地域における特別支援学校の状況を把握しておく必要があります。

特別支援学校は、相対的に障害の重い子どもを対象とする学校と位置づけられており、教員配置の基準などは、小・中学校の特別支援学級などと比べてももっとも手厚いものとなっています（**表1**参照）。また、寄宿舎が設置されている場合には、日中の生活だけでなく、放課後や朝夕など、24時間を視野に入れた「生活教育」の取り組みが可能であること、障害の軽減・克服を図る独自の教育活動（「自立活動」）が教育課程に位置づき、そのための専門性を持った教員が配置されることなども、特別支援学校ならではの教育条件と言えるでしょう。

しかし、〈障害のある子どものための特別な学校〉としての特別支

学校の教育的な意義は、単に条件が手厚いことにあるのではありません。私は、これらの学校の最大のねうちは、手厚い教育条件なども活かしながら、学校教育の全体を、在籍する子どもの障害や発達の状況に応じて柔軟にデザインすることができることだと考えています。

通常の小学校では、特別支援学級の場合も含めて、「午前中４時間、午後２時間」の６時間授業が基本的な枠組みです。子どもたちは45分を一つの単位として、午前中だけで、４つもの学習課題に取り組むことになります。しかし、発達上の障害をもつ子どもの場合、そのような日課のなかでは、学習活動の切り替わりの際に見通しをもつことが難しかったり、それぞれの学習活動に気持ちをむけ、自分の力をしっかり発揮して取り組むことが困難だったりすることがあるでしょう。

このような子どもたちに対して、これまでの特別支援学校での取り組みは、例えば「午前中に一つの山場」となるような日課をつくるなど、学校が用意する生活の枠組みそのものを創造的に改変して、障害のある子どもたちにとっての「主人公としての生活」をつくりだしてきています。そして、このような取り組みを支えているのは、障害のある子どもの教育に専門的に取り組む教職員集団の存在です。これらの点こそ、通常の小・中学校の中ではなかなか実現することの難しい、〈障害のある子どものための特別な学校〉ならではの特長だといえるでしょう。

全般的な発達のおくれをもたない場合でも、点字や手話などの特別なコミュニケーション方法の獲得と習熟を必要とする場合や、運動障害があって、ゆっくりとした学習ペースの中でこそ自分の感情や思考を表現することが可能になる子どもたちの場合など、特別支援学校の教育環境が有効な場合は少なくありません。

一方、わが国の特別支援学校が抱えてきた最大の弱点は、学校数の少なさ、それに由来する通学区の広さにあります。近隣に学校があれば自

力で通学できる子どもであっても、学校が遠いためにスクールバスを使わねばならず、しかもその乗車時間は1時間を超える例が少なくありません。また、そのような条件に規定されて、学校での生活と、学校外の生活が結びつきにくかったり、居住する「地域」との関係が疎遠になりがちな場合もあります。「学校生活の内容や先生の態勢を考えれば、特別支援学校がよいとは思うのだけれど…」という保護者の迷いをしばしば耳にしますが、そうした声の背景には、今日までの特別支援学校の整備の不十分さ、そのことに由来する居住地域との「距離感」の問題があるものと見られます。

「障害の種別を超えた特別支援学校」という構想は、こうした問題を軽減していくために打ち出されたという面がありますが、実際には、必要な条件整備がなされなかったこともあり、明瞭な効果は見られません。〈障害のある子どものための特別な学校〉での教育を必要としているすべての子どもたちに、その内実をゆたかにもった教育を確実に届けていくためには、特別支援学校を飛躍的に増設することを通して、個々の学校の小規模化と地域近接化をはかる必要があります。またその際、相対的に少数の障害種別の子どもたちのための学校（視覚障害、単一の肢体不自由、病弱など）の存立基盤が後退させられないようにすることもけっして見落としてはならない課題です。

一人ひとりの子どもに即して、「この子にあった就学」を展望していくためには、それぞれの地域における特別支援学校の設置状況と学校規模、学校の新増設や統廃合の動きなどを、保育者の立場からもよく知っておく必要があります。

4．通常の小・中学校における特別支援教育

　特別支援学校は、一つの「学校」という制度です。これに対比されるのは、義務教育段階に即して言えば、通常の小・中学校、ということになります。

　現行学校教育法は、義務教育段階の教育を担当する小・中学校（ならびに義務教育学校、中等教育学校）のみならず、高等学校および幼稚園までを視野に入れて、その各々において、LDやADHDを含め、障害等のある子どもに対し「障害による学習上又は生活上の困難を克服するための教育」を行うべきことを示しています（学校教育法第81条1項）。障害などのある子どもには、その子どもが特別支援学級に在籍するのか、通常学級で学ぶのかを問わず、障害などに配慮した教育を、学校として責任をもって行うことが、特別支援教育の理念として、すべての通常学校に求められているのです。とは言え、この大切な「理念」を実現するための制度的基盤は、特別支援教育を制度化した際の法令改正では具体化されず、通常の学校における特別支援教育は、各学校や地方自治体の熱意と努力にゆだねられたかたちで今日に至っています。

　このような状況も踏まえながら、通常の小・中学校において、現に活用しうる制度を考えると、まず第一に、「学級」のレベルで、特別支援学級に在籍して教育を受けるのか、それとも通常の学級なのか、という選択があります。また、通常の学級に在籍して学校教育を受ける場合でも、「通級による指導」（学校生活の大半は通常の学級で学びつつ、一部の時間のみ特別な指導を受ける形態）という選択肢もあります。ここまでが「特別支援教育」として、通常の小・中学校の中に用意されている制度的基盤です。実は、これらの制度的基盤の状況は「特殊教育」の時

代とほとんど変わりません。また、これらの制度の整備の状況やその運用のあり方は、かねてより著しい地域差、学校差がありましたが、特別支援教育発足以降の10年間において、そうした格差は縮められるどころか、むしろ拡大しつつ今日に至っているものと見られます。少し具体的に見てみましょう。

「通級による指導」の対象は、従来、言語障害、情緒障害、弱視、難聴、肢体不自由および病虚弱の6種の障害種別とされていましたが、特別支援教育発足の際にLDとADHDが加えられ、あわせて従来「情緒障害」のなかに含められていた自閉症も別立てで明示されるようになりました。指導内容および指導時間をみると、「障害による困難の軽減・克服を図る指導」（いわゆる「自立活動」）と「教科の補充指導」をあわせて、年間10時間から280時間（月1時間から週8時間）程度まで、特別な指導を行うことが可能とされています。しかし、そのための教員配置は、2015年度現在で7,006人（小学校5,913人、中学校986人、特別支援学校107人）、指導を行うための通級指導教室を設置している学校は小学校3,308校、中学校652校ときわめて少なく、その結果、その利用可能性はきわめて厳しく制約されています。

全国の小学校の総数は20,601校、中学校は10,484校（2015年度）ですから、通級指導教室設置校は、小学校で6校に1校、中学校では何と16校に1校しかないことになります。また、障害種別でいえば、LD、ADHDや自閉症を対象とする教室も増えているとは言え、言語障害の教室が圧倒的に多く、それ以外の通級指導教室はさらに少ないのが実情です。さらに、教員配置が厳しく抑制されている結果、通級による指導を受けている子どもの半数以上は「他校通級」（自分の在籍していない学校に設置された教室に通う）となっており、この制度が予定している「週当たり最大8時間までの特別な指導」は、多くの子どもにとって現

実のものになっていません。

　こうしたなかにあって、特別支援学級は、在籍する子どもが1名でも開設することができ、しかも、子どもの障害の種別ごとに学級を開設することを原則としていることから（特別支援学級は、**表1**に示した7つの障害を対象として開設することができる）、通常の学校におけるもっとも安定した特別支援教育の制度として、きわめて多様な運用をされています。すなわち、一方には、制度上、特別支援学校の対象であると考えられる子どもを多数受けとめて教育実践を展開している学級や、学校生活の全般にわたって自律的な教育課程をもって運営されている学級があり、他方では、国語や算数など、特定の教科のみをとり出して指導したり（いわゆる「国算学級」）、障害のある子どもを、特別支援学級担任が付き添って当該学年の通常学級の授業に参加させる、などの運用を行っている学級もあるのです。加えて、特別支援学級担任が特別支援教育コーディネーター（後述）の役割を担ったり、LD、ADHD、高機能自閉症などをはじめ、通常学級に在籍している障害などをもつ子どもに対する支援の役割などを果たしている場合も少なくありません。

　通常の学校における、もっとも安定した特別支援教育の制度として、さまざまな運用が可能なことは特別支援学級という制度の長所だとも言えますが、実際にある地域、ある学校の特別支援学級への就学を考える場合、この「長所」がそのまま長所となるとは限りません。同じような課題をもつ子どもの集団のなかで、ゆっくりと確実に力をつけていけるような教育を、と願っても、就学を予定する学校の特別支援学級では集団指導をほとんど行っていなかったり、逆に特別支援学級担任の援助をうけて通常学級での活動を、と願っても、そのような態勢がとれなかったりということがあるからです。特別支援学級を複数設置している学校では、複数の教育課程や指導形態を並行して実施できる場合もあります

が、この間、特別支援学級在籍児も著しく増加していることもあって、こうした柔軟な対応をとることが難しい場合も少なくありません。

　小・中学校全体の特別支援教育体制についても触れておきましょう。文部科学省は特別支援教育制度の発足にあたり、全国すべての小中学校等に対して、障害等のある子どもの実態把握や、特別支援教育に関する校内委員会の設置、特別支援教育コーディネーターの指名、個別の指導計画、個別の教育支援計画の策定などを柱とする学校体制の整備を求めました（文部科学省通知「特別支援教育の推進について」2006年4月）。今日、義務教育段階の小・中学校では、特別支援教育校内委員会の設置や特別支援教育コーディネーターの指名などはほぼ100%の学校で実施されており、この限りで見れば、通常の小・中学校の「特別支援教育体制」は、格段に充実した、ということになりそうです。

　小・中学校の特別支援教育校内委員会は、学校全体もしくは学年団などを単位として、特別な支援を必要とする子どもの実態を把握し、必要な対応のありようを検討するための校内組織であり、特別支援教育コーディネーターはその推進役です。保育所や幼稚園、専門の療育施設など、就学前の保育・療育の機関から、就学について相談に出向いたり、障害のある子どもの実態を申し送るなどの場合、このコーディネーターの先生が窓口になる場合も多いでしょう。こうした体制が整備されてきたことは、保護者や就学前の諸機関などから見れば、窓口や担当者がわかりやすくなったということでもあります。

　コーディネーターの先生方は、発達障害をはじめとする障害の理解について校内研修を進めたり、地域との連携を推進したりすることが役割ですから、障害についての造詣が深かったり、地域の学校や園との連携にも熱心なことが多いと思います。しかし他方では、多くの場合、自らの担当学級（特別支援学級の場合も通常学級の場合もある）を持ちなが

ら、コーディネーターの役割を兼務している状況で、学校規模などによっては「全体に目が行き届かない、手が届かない」などのことも起こりがちです。任務の重要性や仕事量などから考えれば、特別支援教育コーディネーターの専任化が求められるところですが、そうした態勢が実現している学校はごくわずかなのです。

5.「就学手続き」をめぐる現行制度とその問題点

　ここまで、障害のある子どもたちのための就学の諸形態について概観してきました。では、これらの複数の「選択肢」から、一人ひとりの子どもについて、就学する学校や、そこでの教育の形態を決めていく手続き（「就学手続き」）はどのように進められるのでしょうか。

　実は、「就学手続き」のあり方は、この間ホットな論点となってきた問題です。2006年に国連が採択した「障害者権利条約」は、障害のある子どもが一般教育制度から排除されずに全面的な発達が保障される教育をめざすべきであるとする「インクルーシブ教育」の理念を掲げており、日本がこの条約に批准する上で、就学手続きを含む障害児教育制度の改変が求められたからです。この問題の検討プロセスでは、現行「特別支援教育」制度と、その下での就学先決定のありようには、改革すべき大きな課題があるとの指摘もなされましたが（たとえば障がい者制度改革推進会議「障がい者制度改革の推進のための基本的な方向（第一次意見）」2010年など）、文部科学省サイドの対応は、最小限度の制度改定にとどまりました（2013年8月の学校教育法施行令改正ならびに同年10月の文科省通知「障害のある児童生徒等に対する早期からの一貫した支援について」の発出など）。以下ではこうした経過なども念頭におきながら、主として現行制度の概略とその問題点を述べることにします。

さて、ここまで「選択肢」などのことばを用いて、複数の教育の場があることを表現してきました。しかし、実はこれらの場は、現行制度上、子どもや保護者によって「選択」できるという明確な仕組みにはなっていません。障害者権利条約の批准に向けて改正された障害者基本法（2011年）では、障害がある場合の教育のありようにつき、障害のある子どもおよびその保護者に対して「十分な情報の提供を行うとともに可能な限りその意向を尊重しなければならない」ことなどを定めていますが（第16条2項）、具体的な就学手続きを定めた学校教育法施行令などにおいては、特別支援学校か通常の学校かという、学校を決める権限をもつのは、引き続き、それぞれの設置者である自治体の教育委員会（通常、小・中学校は市町村、特別支援学校は都道府県が設置者）とされており、特別支援学級か通常学級か、また通級指導を受けるか否かなどについての決定の権限は当該の学校長にあることになっています。

また、現行制度では、個々の子どもの就学形態のありようの決定は、就学前年の11月から当年の1月までという、比較的短い期間に行われる仕組みになっています。2013年からの就学手続きのイメージを示した図を見てください。法令に規定された手続きの流れに即するならば、市町村の教育行政が、翌4月に就学を控えた障害のある子どもたちと出会う最初の機会は、就学前年の11月末日までに行われる就学時健康診断の場ということになります。その後、特別支援学校での教育がふさわしいと市町村教育委員会が判断する場合（「認定特別支援学校就学者」と言う）には、特別支援学校の設置者である都道府県教育委員会に12月末日までに、その旨を通知するという手続きを経て、小学校に就学させる場合には市町村教育委員会が、特別支援学校の場合には都道府県教育委員会が、いずれも1月末日までに、就学すべき学校を保護者に通知することになっています（特別支援学級への入級や通級指導の実施については、

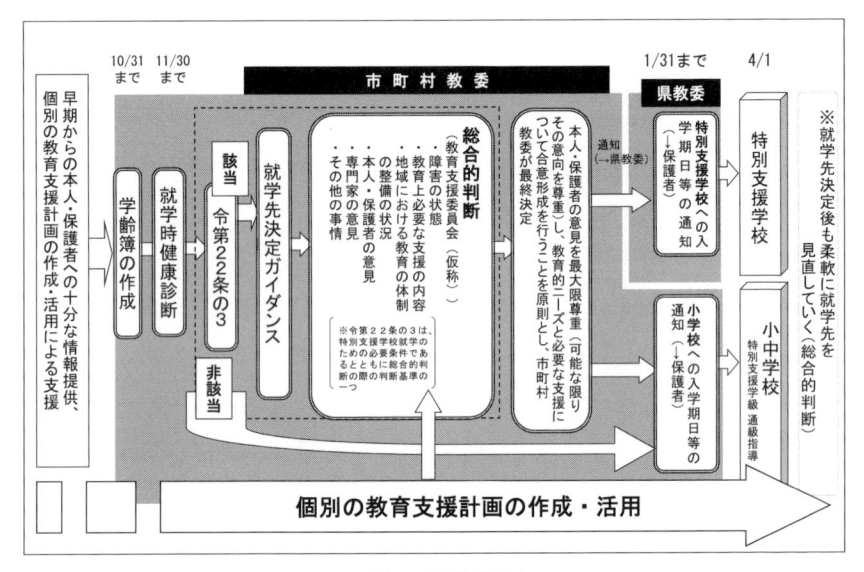

図　現行の就学手続き

期日などについて法令上の定めはないが、特別支援学級の新増設が必要な場合などは、次年度の教員数などにも関わるため、同じ頃までの決定が求められることが多い）。

　就学時健診から就学すべき学校の通知までわずか2ヵ月、これだけの期間で、障害などをもつすべての子どもの実態を把握し、保護者の希望や不安などをていねいに聞きとること、あわせて当該の子どもが就学しうる個々の教育の場の具体的ありようを把握し、そこでどのような学校教育が可能かを検討することなどは、一般的にみてきわめて困難です。文部科学省は、就学手続きを解説した「教育支援資料」（文部科学省、2013）などにおいて、「学齢簿の作成までの段階における各般の準備の内容（早期からの相談支援体制の充実等）」の重要性を強調していますが、どこの自治体においても、そうした取り組みが充実発展していくことを保障するような条件整備がなされたわけではなく、具体的な対応

は、ここでも市町村教育委員会を筆頭とする自治体レベルの努力と熱意にゆだねられています。

「わずか2ヵ月で就学先を決定する」という就学手続きのありようは、もとを正せば、障害のある子どもの教育措置に関するわが国教育制度の伝統的な考え方、すなわち、子どもの「障害の種別と程度」を明らかにすれば、必要な教育の場は一元的に決定できるという考え方に由来するものです。こうした考え方は、旧来の「特殊教育」の問題点の一つとして批判されてきたはずのものですが、特別支援教育の実施を経て、障害者権利条約を法的規範として受容したはずの今日においても、こうした考え方が完全に払拭されたとはいえません。現行の就学手続においても、「総合的な判断」の対象となるのは特別支援学校の対象を定めたいわゆる「就学基準」（学校教育法施行令第22条の3。**表2**を参照）に該当する場合だけで、これに該当しない相対的に軽い障害の場合などの対応は、全面的に市町村教育委員会任せになっています。多様な障害のある子どもすべてを視野に入れて、「インクルーシブで質の高い教育」を保障する仕組みにはなっていないのです。

ところで、この間のこうした制度改革をめぐる議論とはひとまず別に、地方自治体のレベルでは、上に述べたような就学手続きの弱点を補う多様な取り組みが、かねてからなされてきました。そこには基本的な性格の異なる二つの方向を見て取ることができます。一つめは、言うまでもなく、現行の就学手続きの不備を補って、より早くからていねいな取り組みを行い、文字通りすべての子どもに合意と納得に基づく就学を保障しようとするものです。しかし他方では、「保護者の意向を尊重する」などの名目のもとに実質的な相談や情報提供などの取り組みを放棄し、必要な条件を整備しないまま、障害の重い子どもを通常の学校のなかに「投げ込む」ような実態も少なくありません。障害のある子どもの

表2　学校教育法施行令第22条の3に規定する就学基準

区　分	程　　　度
視覚障害者	両眼の視力がおおむね0.3未満のもの又は視力以外の視機能障害が高度のもののうち、拡大鏡等の使用によっても通常の文字、図形等の視覚による認識が不可能又は著しく困難な程度のもの
聴覚障害者	両耳の聴力レベルがおおむね60デシベル以上のもののうち、補聴器等の使用によっても通常の話声を解することが不可能又は著しく困難な程度のもの
知的障害者	一　知的発達の遅滞があり、他人との意思疎通が困難で日常生活を営むのに頻繁に援助を必要とする程度のもの 二　知的発達の遅滞の程度が前号に掲げる程度に達しないもののうち、社会生活への適応が著しく困難なもの
肢体不自由者	一　肢体不自由の状態が補装具の使用によっても歩行、筆記等日常生活における基本的な動作が不可能又は困難な程度のもの 二　肢体不自由の状態が前号が掲げる程度に達しないもののうち、常時の医学的観察指導を必要とする程度のもの
病弱者	一　慢性の呼吸器疾患、腎臓疾患及び神経疾患、悪性新生物その他の疾患の状態が継続して医療又は生活規制を必要とする程度のもの 二　身体虚弱の状態が継続して生活規制を必要とする程度のもの

備考
一　視力の測定は、万国式試視力表によるものとし、屈折異常があるものについては、矯正視力によって測定する。
二　聴力の測定は、日本工業規格によるオージオメータによる。

ための教育の場がゆたかな条件をもって用意されていなかったり、就学先決定のためのていねいな対応を実施するために必要な条件が整えられていない自治体ほど、第二の傾向が顕著に現れます。

「保護者の意向を尊重する」ことは、それが、選択しうる教育の場についての情報を提供したり、それぞれの場について、必要な条件整備を行うなどの、教育行政が果たすべき責任を放棄する隠れみのに使われるならば、障害のあるすべての子どもたちに、ゆたかな学校教育を保障することにはなりません。

就学先決定のための手続きの具体的なあり方は、自治体によって多様です。自治体ごとの実態をつかみ、この間の制度改革をめぐる論点やそ

の権利保障上の意味をしっかり踏まえながら、必要な改善を行うために関係者の知恵を集めていくことが求められます。

6．おわりに

　実際の就学にあたっては、以上のような状況を踏まえつつ、それぞれの地域に、現実に用意されている教育の場や、その条件と内容等をしっかり把握し、「この子にあった教育の場」はどこなのかを検討しなければなりません。特別支援学校の所在地はどこで、その学校が担当する障害種別は何か、通級指導教室の所在地や通学条件はどうか、地域の小学校に特別支援学級は設置されているか否か、未設置の場合、新たに開設するための条件はどのようなものか、通常学級の学級規模や少人数指導などの状況はどうか、等々のことを、当該の地域に即して把握する取り組みが必要です。

　まずは、地域に用意されている教育の場をリストアップし、その実情を知る取り組みを進めましょう。多くの特別支援学校では、教育相談や学校見学、体験入学の機会が設けられています。そのような場を活用する際には、可能な限り両親で、あるいは他の保護者や保育者も付き添って、など、複数の目で見、そこで受けた印象や感想などを交流するようにしましょう。体験入学などを設定していない特別支援学級や通級指導教室などについても、学校長やコーディネーター、教育委員会等に依頼して、見学や体験入学の機会を設定してもらいましょう。

　「学齢期の生活」全体についてゆたかな見通しを築くためには、学校ばかりでなく、放課後や休日の過ごし方も重要です。このことはとりわけ保育所などに子どもを通わせる働く保護者の場合には切実な課題になります。一般の学童保育や放課後等デイサービスなどの地域生活支援の

ための制度などについても、地域に即して実情を知り、その活用の可能性を検討する必要があります。

　このような取り組みを通して、「学齢期の生活」のイメージが具体的に描けるようになるにつれて、「どの教育形態を選べばよいのか」が見えてくる場合も多いと思います。しかし、「現にある教育の場」のどれをとってもしっくりこない、という場合もあるでしょう。

　障害のある子ども一人ひとりについて、もっとも適切な就学のありようを検討していく取り組みは、まずは、それぞれの地域で、「選びうる選択肢」の実態を把握するところからはじまります。しかし、「現にある教育の場」のいずれかに子どもたちをあてはめるだけでは、すべての子どもに、ゆたかな学齢期の生活の展望をきりひらくことはできません。通常学級の中での特別な指導を基礎づける制度が欠落していることをはじめ、特別支援学校や通級指導教室などの整備状況が不十分であること、特別支援学級の「多様な運用」という問題などは、いずれも、現行制度とその条件整備の水準における不備に由来するものだからです。

　必要な場合には、「現にある教育の場」では充たされない教育上のニーズに応えていくために、現行制度も活用しながら、新たな教育の場や形態を地域の中に創り出していく取り組みをすすめましょう。文字どおりすべての子どもに、ゆたかな学校教育を保障していくために、地域の事実と、子どもや保護者のねがいから出発する教育の場づくりの取り組みが求められています。

（越野和之）

【参考文献】

荒川智・越野和之『インクルーシブ教育の本質を探る』全障研出版部、2013

文部科学省『教育支援資料―障害のある子供の就学手続きと早期からの一貫した支援の充実－』2013

http://www.mext.go.jp/component/a_menu/education/micro_detail/__icsFiles/afieldfile/2013/10/09/1340247_01.pdf

【学習課題】

○あなたの住んでいる地域、勤めている地域などについて、次のことを調べてみよう。

①特別支援学校、特別支援学級、通級指導教室などは、それぞれどこに、どのような規模・条件で設置されているか。また、そのそれぞれの教育の場では、どのような子どもたちが実際に教育を受けているか。それは他の地域と比較してどのような特徴をもつか。

②市町村教育委員会の行う就学手続などの取り組みは、いつからはじまり、どのような手順ですすめられるか。都道府県教育委員会はどのように関与しているか。

〈執筆者一覧〉

近藤直子（日本福祉大学）……………… はじめに、第2章、第5章Ⅰ
白石正久（龍谷大学）…………………… 第1章
中村尚子（立正大学）…………………… 第4章Ⅰ、Ⅲ

奥住秀之（東京学芸大学）……………… 第3章Ⅰ
別府悦子（中部学院大学）……………… 第3章Ⅱ
松原巨子（大津市健康推進課）………… 第3章Ⅲ
池谷尚剛（岐阜大学）…………………… 第3章Ⅳ
加藤登美子（大阪発達支援センターぽぽろ）… 第3章Ⅴ
坂野幸江（大阪発達総合療育センター）……… 第3章Ⅵ
古川和子（あおぞら生協クリニック）………… 第3章Ⅶ
藤上真由美（高石市子育て支援課）………… 第4章Ⅱ
海老原功（貝塚市児童福祉課）……………… 第4章Ⅲ
広川律子（大阪千代田短期大学）…………… 第5章Ⅱ
越野和之（奈良教育大学）…………………… 第6章

（所属は初版発行時）

〈編者〉

近藤直子（こんどう　なおこ）
1950年、東京生まれ、大阪育ち
日本福祉大学名誉教授

白石正久（しらいし　まさひさ）
1957年、群馬県生まれ
龍谷大学名誉教授

中村尚子（なかむら　たかこ）
1954年、長崎県生まれ
元　全国障害者問題研究会副委員長

保育者のためのテキスト障害児保育

2005年3月25日	初版発行
2007年4月1日	2版発行
2013年3月1日	改訂初版第1刷
2025年3月1日	改訂初版第14刷

編　者　近藤直子・白石正久・中村尚子

発行所　全国障害者問題研究会出版部
　　　　〒162-0801　東京都新宿区山吹町4-7
　　　　　　　　　　新宿山吹町ビル5F
　　　　TEL.03-6265-0193　FAX.03-6265-0194
　　　　https://www.nginet.or.jp/

印刷所　株式会社光陽メディア

©KONDO, SHIRAISHI, NAKAMURA, 2005 ISBN978-4-88134-125-4
定価はカバーに表示してあります。